MARCOS SOUSA

VENDA EMOCIONAL

33 GATILHOS PARA VENDER MAIS

VENDA EMOCIONAL
33 GATILHOS PARA VENDER MAIS

Copyright © 2020
Marcos Antonio de Sousa

Capa / Diagramação
Jaciara Custódio da Silva

De Sousa, Marcos Antonio

VENDA EMOCIONAL - 33 Gatilhos para Vender Mais / Marcos Sousa - 1 edição - Curitiba: 2020.

1. Administração de Vendas   2. Vendas   3. Neurovendas
4. Técnicas de Venda

Todos os direitos dessa obra são reservados ao autor Marcos Antonio de Sousa. Proibida a reprodução total ou parcial desta obra por qualquer meio ou procedimento, incluindo meios mecânicos, eletrônicos, cópia xerográfica, sem autorização prévia e expressa do autor.

Sumário

Agradecimentos 5
Sobre o autor 6
Apresentação 7
São tantas emoções! 10
Emoções que vendem 11
Emoção ou Razão? 12
Vamos à prática! 14
Método E.M.O.C.A.O 17
Exercícios 20

Grupo 1 - EU - EU

    Alegria 22
    Autoafirmação 24
    Autoconfiança 26
    Autoestima 28
    Autorrealização 30
    Equilíbrio 32
    Esperança 34
    Tranquilidade 36
    Vontade 38
    Exercícios 40

Grupo 2 - EU - ALGUÉM

    Altruísmo 42
    Amor 44
    Carinho 46
    Distanciamento 48
    Orgulho 50
    Pertencimento 52
    Proximidade 54
    Exercícios 56

Grupo 3 - EU - ALGO

    Bem-estar 58
    Conforto 60

Desapego 62
Euforia 64
Experiências 66
Independência 68
Prestígio 70
Prazer 72
Proteção 74
Saudade 76
Surpresa 78
Exercícios 80

Grupo 4 - OUTROS

Estabilidade 82
Exclusividade 84
Identidade 86
Jovialidade 88
Liberdade 90
Longevidade 92
Exercícios 94

Dez mandamentos da venda emocional 95
Conclusão 96
Curso Neurovendas 100
Meus contatos 103

Agradecimentos

A Deus, pelo sopro de vida, entusiasmo, proteção, propósito e oportunidade de plantar a semente do extraordinário nos quatro cantos do Brasil e do planeta.

A você, leitor(a) por ter adquirido esse livro, pelo seu tempo e confiança no meu trabalho.

Ao meu pai, *in memoriam*, meu eterno mestre, professor Antonio Izidro, pelo caráter, ensinamentos, valores e inspiração.

À minha mãe, minha guerreira e heroína, Dona Tereza, pois sem suas orações, força e fé em Deus, eu jamais teria chegado aonde cheguei.

À minha esposa Cinthia Gomes, pelo seu amor, companheirismo, inspiração e apoio irrestrito.

Ao meu filho Ítalo, por compreender minhas viagens intermináveis, pelo seu amor e companheirismo.

Ao meu irmão Izidro, pelo exemplo de vida, determinação, superação, e por ter me ajudado muito durante boa parte da minha vida.

Aos empresários, vendedores, alunos, leitores e seguidores, por sempre acreditarem e apoiarem meu trabalho.

Todos vocês são EXTRAORDINÁRIOS!!!

Sobre o Autor

Graduado no curso de Engenharia Elétrica na UFPB e pós-graduado em Marketing pela FGV. Master e Trainer em PNL (Programação NeuroLinguística). Diretor da Superação Treinamentos e Consultoria. Diretor da ALAS (Asociación LatinoAmericana de Seguridad) e da ABSEG (Associação Brasileira de Profissionais de Segurança).

Apaixonado por vendas e se conectar às pessoas, destacou-se na área de vendas e logo se tornou gerente regional Norte-Nordeste de uma distribuidora de produtos de segurança eletrônica. Após anos dedicados às vendas, resolveu exercer uma segunda paixão: palestrar e treinar equipes comerciais de empresas de todo Brasil.

Já realizou mais de 1000 palestras e treinou mais de 40.000 pessoas nos últimos 15 anos. Reconhecido pela linguagem simples, objetiva, clara e empatia com o público. Conteúdo prático e uma palestra provocativa e transformadora.

Hoje é a maior referência no Brasil e América Latina em vendas no mercado de segurança privada. Já ministrou mais de 40 palestras em 15 países de 5 continentes, dentre eles: Espanha, Estados Unidos, México, Inglaterra, Guatemala, Costa Rica, Peru, Colômbia, Argentina e Uruguai.

Marcos Sousa vem se tornando também uma das maiores referências em vendas no segmento de empresas de tecnologia, agronegócio e neurovendas do Brasil. Também considerado um dos palestrantes Gigantes das Vendas pela Revista VendaMais. Articulista em diversos jornais, portais e revistas do país.

Autor dos livros: Vendendo Segurança com SEGURANÇA, Premium - Coletânea de Artigos sobre Vendas, Premium - Coletânea de Artigos sobre Motivação, Vender Seguridad con Seguridad, Venda Emocional - 9 gatilhos para vender mais. Co-autor dos livros: 52 Sacadas para Vender MAIS e Gigantes das Vendas.

Apresentação

Nos últimos 25 anos tenho estudado bastante sobre vendas, vendas consultivas, programação neurolinguística, neurociência, neurovendas, gatilhos mentais... Aprendi muitas técnicas e ferramentas de vendas em mais de uma centena de livros especializados na área e já testei várias delas em campo, com diversos profissionais de vendas, nas consultorias e treinamentos.

Você encontrará nesse livro uma nova estratégia, uma nova abordagem, enfim, uma nova perspectiva de vendas que tenho ensinado há mais de uma década por todo mundo. E olha que já fiz mais de 1.000 palestras e cursos sobre vendas no Brasil e já palestrei mais de 40 vezes em outros 15 países de 5 continentes. Nesse momento, enquanto escrevo essa apresentação, estou em Dubai vendo a Palmeira Jumeirah da janela do hotel. Uma cidade extraordinária que mexe com nossas emoções e me inspirou a escrever esse livro para você que está lendo.

Costumo escrever e falar de forma simples, prática e objetiva. Não é intenção minha escrever um tratado científico sobre emoções e sentimentos, e já peço autorização e perdão aos doutores e PhDs da psicologia, neurociência, sociologia, ciência... O foco aqui é falar de vendas e não de ciência. Esse é um livro de vendas escrito por um vendedor para vendedores. A conversa aqui é de vendedor para vendedor.

Também quero deixar claro que o propósito aqui não é brincar com as emoções dos clientes, ou usar o conteúdo desse livro para enganar pessoas e levá-las a fazer o que não querem. Ao contrário, quero que os vendedores se coloquem verdadeiramente no lugar de seus clientes e percebam quais problemas, dores e anseios precisam ser resolvidos. E o que eles realmente precisam para se sentirem bem ou mais felizes.

Costumo dizer que venda é ajudar pessoas, resolvendo seus problemas e dores, promovendo emoções e sentimentos prazerosos, de modo que elas queiram recompensá-lo, pagando o valor razoável e justo cobrado.

No modelo atual e tradicional de vendas, vemos muitos vendedores dedicando muita energia, tempo e emoção para convencer o cliente a comprar aquilo que ele vende. E quanto mais ele apresenta racionalmente seu produto desinteressante, mas esse cliente se torna emocionalmente desinteressado. Esse modelo não funciona, porque não há uma ponte emocional entre o cliente e o vendedor, produto, empresa ou marca.

A ideia desse livro é muito simples: Em vez de fazer uma pessoa comprar o que você vende, ensinarei você a vender o que uma pessoa MAIS DESEJA COMPRAR.

E o que uma pessoa mais deseja comprar? O que ela mais deseja obter? O que ela mais deseja experimentar? O que ela mais deseja sentir? O que fará ela comprar novamente? O que fará ela indicar você para outras pessoas? A resposta é simples: EMOÇÕES!

Trago nesse livro 33 emoções, sentimentos, estados e motivações que farão seus clientes desejarem seus produtos e serviços. Também apresento alguns casos, exemplos e dicas de segmentos que podem explorar cada um desses "gatilhos" ou pontes emocionais.

Muitos me perguntam se os gatilhos que trago nesse livro se aplicam a vendas de longo prazo? Vendas de projetos? Vendas consultivas? Vendas para empresas (B2B)? Vendas de alto valor agregado?

Respondo que esses gatilhos sempre funcionarão quando você estiver falando com uma pessoa, seja presencial, virtual ou remotamente. Seja um comprador profissional, um influenciador, um intermediário, um formador de opinião, um usuário ou um diretor, todos são pessoas com sentimentos, instintos, desejos, anseios, dores, problemas e expectativas.

Seu desafio é descobrir qual emoção, sentimento ou motivação vai conquistar o interesse de cada um deles. O que essa pessoa que está na minha frente mais deseja ao comprar meu produto, projeto, consultoria ou serviço? Depois é só usar o gatilho certo para a pessoa certa na hora certa.

Ainda que seja uma máquina vendendo para uma pessoa, a venda sempre será emocional. Tanto que o maior desafio das empresas é tornar suas atendentes virtuais, páginas de internet, *marketplace*, robôs e processos de vendas cada vez mais empáticos, simpáticos, amistosos, sensoriais, instintivos, enfim, emocional.

> "Aqueles que ousam mergulhar dentro de si e navegam nas águas das emoções, descobrem um oceano de possibilidades".
> Rogério Thaddeu

São tantas emoções!

Apesar de serem tomadas como sinônimas em alguns dicionários, e muitas vezes provocarem confusões, as palavras emoção e sentimentos têm significados distintos, embora estejam interligadas.

Em rápidas palavras, recebemos alguns estímulos através de nossos sentidos que geram sensações e reações neurais, biológicas, químicas e físicas em nosso corpo. Essas sensações são processadas em nosso sistema límbico, parte do cérebro também chamada de cérebro emocional, justamente por processar, memorizar e disparar diversas reações no nosso corpo.

Quando você está ansioso porque vai ter que falar em público, quando você treme ao se aproximar de algo que te provoca pânico ou quando você paralisa quando está prestes a colidir seu carro, você pode experimentar várias reações fisiológicas como coração acelerado, músculos contraídos, olhos fechados, respiração acelerada, sudorese, estômago embrulhado...

Sua reação será determinada pela memória emocional e significado dado à cada experiência que varia de pessoa para pessoa. E por isso dizemos que as emoções e reações variam de pessoa para pessoa, porque dependem da experiência subjetiva de cada um. Mas afinal, qual é a diferença entre emoções e sentimentos?

António Damásio, médico neurologista e neurocientista português, define emoção como uma variação psíquica e física, desencadeada por um estímulo, subjetivamente experimentada e automática e que coloca num estado de resposta ao estímulo. Em outras palavras, emoções nada mais são do que respostas psíquicas, químicas e físicas provocadas por estímulos externos ou pensamentos em nosso cérebro.

Sentimentos, por sua vez, são respostas às emoções e dizem respeito a como as pessoas se sentem diante suas emoções. O mais curioso é que do mesmo modo que emoções provocam ou evocam sentimentos, os sentimentos também podem disparar outras emoções e sentimentos.

Você encontrará nas páginas seguintes algumas emoções já

conhecidas. E também encontrará algumas palavras que são qualidades de quem sente algo, sensações de quem sente algo, enfim, estados de quem sente algo.

E por uma questão puramente didática, e para facilitar a explicação dessa nova abordagem comercial, vou chamar todas de gatilhos emocionais. Todas as 33 palavras são emoções? Não! Apenas a minoria delas são emoções genuínas. Longe de mim classificar todas como emoções.

Mas me permita chamar essas 33 palavras de gatilhos emocionais, pois vão disparar, evocar ou provocar em algum momento emoções no cérebro e corpo dos clientes. Reitero que esse livro não é uma dissertação, tese de doutorado ou tratado científico. O foco não é ensinar neurociência para alunos de universidade, mas ajudar vendedores a vender mais, promovendo sentimentos positivos aos clientes.

Emoções que vendem

E o que emoções e sentimentos tem a ver com vendas? Tudooo!! Pois produtos e serviços podem provocar emoções positivas e negativas em cada pessoa que encontramos. Positivas ou negativas, emoções podem aproximar ou afastar as pessoas de você, seu produto, sua marca e do fechamento da venda.

O que falamos, mostramos e apresentamos podem atrair ou afastar pessoas. Entender sobre emoções e vendas emocionais é descobrir os segredos que aumentarão suas vendas e transformarão seus clientes em fãs.

Estímulos externos ou internos provocam emoções em nosso cérebro. E essas emoções provocam sentimentos, que por sua vez, podem provocar outras emoções e outros sentimentos. E no meio disso tudo temos as sensações experimentadas em nosso cérebro e corpo.

Sem falar nos desejos, expectativas, experiências, dores, problemas, anseios, pavores, critérios e preferências de seus clientes. Mas você não precisa se tornar um psicólogo para vender mais. Pois na verdade você não venderá nada! Seus clientes que comprarão quando descobrirem quais emoções você e seus produtos conseguem produzir neles.

Enquanto as emoções costumam ser passageiras, os sentimentos são mais duradouros e podem durar uma vida inteira. Você pode afogar suas mágoas num dia de compras no Shopping Center ou viver preso eternamente às bebidas alcóolicas, drogas, remédios ou psicólogo.

Um sentimento negativo como uma tristeza profunda e contínua podem causar doenças, como a depressão, e consumir todos os dias de uma pessoa. Ah! Nesse livro vamos falar de emoções e sentimentos positivos. Num futuro livro ensinarei como vender mesmo despertando emoções e sentimentos negativos. Por que emoções negativas vendem? Porque não importa qual seja emoção, elas sempre vendem.

Enquanto as emoções estão mais ligadas a respostas físicas e biológicas, processadas e manifestadas por todo corpo, os sentimentos estão mais ligados ao universo interior e mais profundo da mente.

Enquanto as emoções são percebidas, experimentadas e vistas no palco do corpo, os sentimentos ocorrem nas coxias da mente. E nesses bastidores há um complexo de salas e camarins formando uma rede complexa de conexões e passagens secretas. E algumas dessas salas muito bem fechadas e de difícil acesso.

Entender qual emoção despertar e qual evitar é a mesma coisa que saber qual é a chave certa para abrir o coração e bolso de seus clientes. E por falar no coração, você ja deve ter se perguntado por que relacionamos tanto as emoções ao coração? Vamos falar sobre coração ou cérebro, emoção ou razão.

Emoção ou Razão?

Como boa parte das emoções alteram o ritmo das batidas do coração, sentimos nosso coração bater mais rápido ou mais forte quando encontramos e nos apaixonamos por nosso cônjuge. Ou ainda quando brigamos com alguém. Ou quando sofremos uma crise de pânico... Ou também quando vemos aquele produto que tanto desejamos numa vitrine de uma loja.

Por mais que eu ache romântica e linda a ideia da emoção relacionada ao coração, quero deixar claro que ela é processada no cérebro, especificamente, no sistema límbico. Mas gosto da ideia do coração e uso essa metáfora quando digo que o coração está mais perto do bolso do cliente do que o cérebro.

Então, quando eu disser que devemos conquistar o coração e não a cabeça do cliente, entenda que eu estou afirmando que devemos fazer uma venda emocional e não somente racional. A emoção certa quando provocada desarma qualquer razão por mais forte que seja.

Essa foi minha principal motivação ao escrever esse livro. Você aprenderá nas próximas páginas a linguagem emocional do coração que é mais vendedora do que a linguagem racional do cérebro.

Afinal, a maioria das decisões de compras são emocionais e não racionais. As pessoas decidem comprar pela emoção e não pela razão. Estima-se algo em torno de 85 a 95% de nossas decisões são emocionais e impulsivas. Eu diria que dependendo do contexto e situação, uma decisão pode ser 100% emocional. Basta observar bêbados em festas, crianças numa loja de brinquedos, mulheres em joalherias ou torcedores fanáticos nas partidas esportivas.

Como já dizia o matemático, físico, inventor e filósofo francês Blaise Pascal: "O coração tem razões que a própria razão desconhece". Eu diria que o cérebro tem emoções que a própria emoção desconhece.

Mas se as pessoas decidem comprar pela emoção porque insistimos em vender pela razão? Não sei você, mas eu não uso discurso racional nas minhas vendas há anos. Posso até responder perguntas racionais com dados e fatos, mas são as emoções que provoco que me levam ao fechamento das vendas.

Embora as pessoas decidam emocionalmente, elas justificam suas decisões com a razão. Ou seja, elas racionalizam suas decisões emocionais.

Você aprenderá nesse livro a falar do produto emocional de seus produtos, ou seja, das emoções e sentimentos que seus clientes experimentarão antes, durante e após a compra.

Então, vamos aos gatilhos emocionais que farão seu cliente comprar mais seu produto ou serviço, além de indicá-los a outros clientes. Nesse livro você encontrará as emoções que tornarão seus clientes fãs e defensores de sua marca.

Te convido a vir comigo nessa JORNADA DA VENDA EMOCIONAL.

Vamos à prática!

Vamos aos gatilhos emocionais que dispararão (ou não) o desejo de seus clientes pelos seus produtos e serviços. Caberá a você descobrir quais das 33 palavras seguintes tem mais a ver com seu mercado, produto ou serviço. E quais você não deve usar em suas propagandas e apresentações de vendas.

Saber quais emoções não disparar é tão ou mais importante do que saber qual provocar. Muitos acham que o problema dos vendedores é não saber fechar as vendas. Eu já acho que o problema da maioria dos vendedores é não saber sequer iniciá-las. Já perdem a venda na largada quando provocam sensações e reações negativas em seus clientes.

O próprio significado da palavra emoção vem do latim *emovere*, que significa "mover-se", ou ainda *ex+movere*, que significa "mover para fora (afastar-se)". Também costumo dizer que emoção é energia em movimento, energia que se sente e experimenta.

Nesse sentido temos vendedores que movem clientes para produtos, ou seja, aproximam pessoas da compra. Chamo esses vendedores de EXTRAORDINÁRIOS. Por outro lado, temos aqueles que movem os clientes para longe de seus produtos e serviços. Chamo esses vendedores de ordinários.

Alguns vendedores são tão ruins e incompetentes que chegam a mover os clientes para bem longe da loja a ponto de movê-los para a concorrência. Chamo esses vendedores de medíocres.

Em qual grupo você está agora? Qual você quer pertencer? Se você leu esse livro até agora certamente já tomou sua decisão, porque deseja vender mais e alcançar uma vida extraordinária.

E vamos às 33 pontes emocionais que nos conduzirão ao coração das pessoas, porque as palavras que apresentarei a seguir traduzem ou estão diretamente ligadas à emoções, sentimentos, sensações e estados. Quer saber quais são os 33 gatilhos que dispararão uma inclinação, interesse, desejo ou atenção maior dos clientes? Sim? Ótimo!

Então, vem comigo! Resolvi dividi-los em quatro grupos:

Grupo 1 - Gatilhos que remetem às emoções e sentimentos focados no próprio indivíduo. Tratam de emoções em relação a si próprio: EU - EU. Exemplos: alegria, autoafirmação, esperança, vontade...

Grupo 2 - Gatilhos que envolve uma interação nossa com uma ou várias pessoas. Tratam de emoções e sentimentos na relação: EU - ALGUÉM. Exemplos: amor, carinho, altruísmo, pertencimento...

Grupo 3 - Gatilhos que envolve uma interação nossa com algo ou alguma situação. Tratam de emoções e sentimentos na relação: EU - ALGO. Exemplos: conforto, bem-estar, experiências, proteção....

Grupo 4 - Demais gatilhos, especialmente, algumas qualidades ou condição de quem sente algo. Exemplos: estabilidade, exclusividade, jovialidade, longevidade...

Alguns gatilhos ou sentimentos como amor, orgulho, distanciamento tem relação a si próprio, relação com alguém ou relação com algo. Eles entrariam tranquilamente em qualquer um dos três primeiros grupos. Então, resolvi dar exemplos variados e deixá-los em um dos grupos.

Espero sinceramente ajudá-lo a vender mais, conquistar muitos clientes, torná-los fãs e alcançar resultados extraordinários na sua vida pessoal e profissional. Também espero merecer a indicação desse livro para outros vendedores, gerentes, atendentes, diretores ou amigos que gostam do tema. Conto contigo para juntos ajudarmos ainda mais pessoas.

Acredito sinceramente que esse livro serve para qualquer pessoa, pois todos nós somos vendedores e estamos vendendo produtos, serviços, ideias, visões ou opiniões.

Aproveite essa jornada emocional vendedora e vencedora.

E se permita também deixar o lado racional um pouco de lado e abrir mais espaço para seu lado criativo e imaginativo. Faça anotações e procure descobrir como aplicar os gatilhos nas suas vendas, nos seus clientes ou no seu mercado.

Vamos lá!

#SejaEmocional

#SejaExtraordinário

> "Sobre as emoções tenho curiosidade.
> Sobre os fatos, quaisquer que venham a ser,
> não tenho curiosidade alguma"
> Fernando Pessoa

Método E.M.O.C.A.O

Antes de listar os gatilhos emocionais, quero compartilhar um novo método para que você use como guia ou referência na hora de realizar suas vendas. São 6 passos muitos simples que vão te guiar por uma abordagem emocional, onde quem está no foco é o cliente, e não seu produto ou empresa. Um método onde o emocional terá mais peso que o racional, um método que conquistará maior empatia e aproximará ainda mais seu cliente de você, de seu produto e da compra final.

Vamos ao método EMOCAO:

Exclusividade

Passo 1 - Aborde cada cliente ou potencial comprador com total exclusividade.

Cada pessoa é única, porque tem uma experiência única de vida. Cada cliente tem critérios, dores e desejos específicos. Claro que encontramos comportamentos e tendências semelhantes em nosso público. Você conquistará uma rápida empatia e conexão se demonstrar interesse sincero em ajudá-lo e tratá-lo com exclusividade, desde o início da abordagem ou contato. Você aprenderá mais tarde que exclusividade é um dos gatilhos emocionais mais poderosos.

Motivação

Passo 2 - Descubra qual é a emoção que ele deseja evitar (dor) ou alcançar (prazer).

O cliente precisa de um motivo (movere) para a ação da compra. Seja dor (problema, pesadelo ou aflição) que ele precisa resolver ou prazer (solução, sonho ou bem-estar) que ele deseja obter. Comece a observar as emoções, sentimentos e estados que ele manifesta ou dispara na conversa. Não se preocupe, pois você terá a seguir 33 gatilhos. Reconhecerá vários destes gatilhos já na postura e comportamento, antes mesmo do cliente iniciar a conversa. Procure observar também suas preferências, estilo e marcas que ostenta.

Observação

Passo 3 - Observe quais critérios eles usam em suas decisões.

Descubra dois ou três critérios que o cliente usa quando compra algo. Cada produto ou serviço possui critérios em particular, mas podemos citar: preço, prazo, cor, design, tamanho, peso, durabilidade, garantia, eficiência... Você pode perguntar: O que você mais gosta nesse relógio que está usando? O que você busca no (produto)? Qual é o critério mais importante para avaliar (serviço)? O que você mais valoriza num fornecedor? O que faria você não comprar? Qual é o critério que tem maior peso na sua decisão?

Conexão

Passo 4 - Conecte seu cliente à empresa, marca e produto.

Demonstre ao cliente que ele veio ao lugar certo, contando casos ou histórias de outros clientes com dores e desejos semelhantes (e se possível iguais). Conte por que sua marca ou empresa é a opção certa e direcione seu cliente ao produto, serviço ou solução que considera ideal. Ah! conte histórias de clientes homens para homem, mulheres para mulher e casais para casal. Deixe seu cliente mais confiante e confortável.

Apresentação

Passo 5 - Apresente os benefícios emocionais de seus produtos e serviços.

Apresente os principais benefícios de seu produto ou serviço que tem conexão direta com as emoções e critérios dele (foco total no cliente). Numa venda racional, o vendedor geralmente desata a falar de características de produtos. Não cometa esse pecado. Característica é o que o produto faz. Benefício é o que o produto faz para cada cliente em particular. Depois que você descobre a emoção que ele compra, venda o que ele deseja comprar, ou seja posicione seu produto como meio ou caminho para a emoção desejada.

Oferta

Passo 6 - Crie uma oferta final imperdível para fechar a venda.

Vendedores extraordinários vendem mais porque proporcionam experiências memoráveis do início ao fim e criam uma OFERTA EMOCIONAL IMPERDÍVEL. Você está no mercado de emoções. Lembre-se! Qual emoção você, sua empresa e marca promoverão além do produto emocional do seu produto ou serviço? Você também faz parte dessa oferta emocional. Aprenda a usar também gatilhos mentais como escassez na hora de pedir o fechamento. Quanto ao preço? Não se preocupe. Uma emoção extraordinária sempre justificará um preço extraordinário.

Exercícios

1 Como você pode tratar cada cliente com EXCLUSIVIDADE?

_____
_____
_____

2 Que dores você pode evitar e que prazeres você pode promover para seus clientes?

_____
_____
_____

3 Quais são os critérios que seus clientes mais falam na hora da compra?

_____
_____
_____

4 O que você pode fazer para aumentar a conexão do cliente com sua marca?

_____
_____
_____

5 Que benefícios emocionais você pode abordar nas suas vendas?

_____
_____
_____

6 Resuma sua oferta emocional total numa só frase. Crie seu slogan!

_____
_____
_____

Grupo 1

EU - EU

Alegria

Significado[1]: Estado de contentamento ou prazer moral; júbilo, regozijo. Acontecimento agradável, feliz.

Qual é a maior lembrança que você associa à palavra alegria? O que você costuma consumir para ficar mais feliz? O que você mais compra quando está alegre?

A alegria, considerada uma das emoções básicas, é o combustível da felicidade. Ela dispara não somente dopaminas, mas endorfinas que estimulam a sensação de bem-estar, conforto e melhora nosso estado de humor.

Eu preciso de alguém ou algo para sentir alegria? Não! Agora mesmo me sinto alegre. Eu posso sentir alegria agora independente daquilo que outros façam, onde quer que eu esteja ou de qualquer estímulo externo.

Mas claro que subir num palco para fazer uma palestra, comer a comidinha feita pela minha esposa, chocolates, viagens, massagem ou ler livros me promovem alegria. Onde estiver minha alegria, estarão minhas compras, meu dinheiro, meu tempo, enfim, meu desejo. A empresa que posiciona seus produtos como um meio para mais alegria conquista minha preferência. E eu costumo recompensar quem me recompensa.

E se você não promove alegria para seus clientes, promova alegria para quem eles mais amam. Quer me deixar alegre? Faça meus filhos sorrirem. Esse é o gatilho usado pelo velhinho que vende algodão doce e a senhora que vende pipoca na esquina da escola do meu filho. O que eles vendem? Sorriso nos "banguelinhos". Filhos felizes, pais felizes!

A empresa que descobre como produzir mais alegria ou

em seus clientes descobre o mapa do tesouro, pois a alegria mantém o cliente dentro da empresa consumindo mais e indicando outros clientes. A alegria transforma clientes em fãs.

A alegria deve ser o produto final de seu produto ou serviço. A alegria deve ser aquele "barato legal" que seus clientes experimentam, gostam e no que se viciam. E quando o Núcleo Accumbens, área do cérebro responsável pelo prazer e recompensa, gosta do "barato", ainda que seja caro seu produto, ele parecerá mais barato justamente pelo "barato" que promove na mente, coração e corpo do cliente.

Quão alegre é seu atendimento? Você promove alegria através de seus produtos e serviços? Qual é o maior "barato" que seu produto produz para as pessoas?

Segmentos [2]

Spas | Turismo | *Buffet* Infantil | Igreja | Esportes | Loja de Presentes | Bares | Imobiliário | Parques | Joalherias | Eventos | Colchões.

Dicas

1 O sorriso também promove alegria e endorfinas. Estimule sua equipe a sorrir mais.

2 Seus colaboradores atenderão seus clientes na mesma medida que são atendidos.

3 Peça a cada ciente alegre no mínimo 3 indicações após uma venda.

---

[1] Todos significados das palavras foram extraídos de dicionário Michaelis e Dicio - Dicionário Online de Português.
[2] Procurarei dar exemplos de segmentos que podem explorar a emoção, sentimento, sensação ou estado. Nada impede que seu segmento ou produto faça parte também dessa lista. Provoco você a buscar a relação.

Autoafirmação

Significado: É a defesa da própria identidade, dos direitos, das opiniões, desejos e afirmações. Tentativa ou fato de se impor à aceitação do meio; afirmar a si mesmo.

Por que necessitamos tanto da autoafirmação? Por que comprar um veículo com tração nas 4 rodas se você nunca tira seu carro do asfalto? Por que comprar algo que você não pode pagar para impressionar pessoas que você nem conhece?

Você conhece algum amigo ou amiga que precisa estar em evidência a todo momento para ter suas qualidades reconhecidas e admiradas? Eu confesso que já tive essa fase de estar sempre chamando atenção para ser aprovado e enaltecido. Hoje não preciso tanto quanto antes.

Muitos dos que hoje buscam essa autoafirmação provavelmente tiveram experiências negativas, traumáticas ou foram submetidos à humilhações que comprometeram sua autoimagem e autoestima. Cresceram e se tornaram adultos que precisam desse reforço externo para suprir o que lhes falta internamente.

As redes sociais é o ambiente perfeito para criar uma imagem que muitas vezes sequer corresponde à realidade ou identidade. Parafraseando Will Smith, autoafirmação é comprar coisas que você não precisa para mostrar a pessoas que você não conhece a pessoa que você precisa ser.

Eu tenho dois amigos que compraram veículos tração 4x4 só para aparentarem que são aventureiros e radicais. Eles nunca ousariam colocar esses veículos numa trilha, pois nunca se afastam do asfalto da cidade. E no dia que ficarem presos na lama ou na areia da praia, terão que chamar o guincho pois não sabem nem como engatar a tração.

Vivemos na era dos *youtubers*, influenciadores digitais e celebridades instantâneas. Adolescentes passam necessidades, mas ostentam o último modelo de Iphone que equivale a três meses de seu salário. Mulheres gastam o que não tem em salões de beleza e lojas no shopping, porque precisam autoafirmar-se no Instagram. Homens compram carros importados, mesmo sabendo que não vão conseguir pagá-los.

Minha intenção aqui não é julgar as pessoas, situações ou fazer análises psiquiátricas, sociológicas ou psicológicas profundas. Nem estaria à altura para isso. O fato é que a maioria das pessoas precisam de autoafirmação. E talvez você possa ajudá-las a terem o que mais desejam com seu produto ou serviço... Atire a primeira pedra quem nunca precisou autoafirmar-se.

Seu produto promove autoafirmação aos seus consumidores? Como seus clientes se sentem após comprar seus serviços? O que sua marca afirma ou atesta aos clientes?

Segmentos

Vestuário | Acessórios | Redes Sociais | Joalherias | Academia | Obras de Arte | Imobiliário | Automobilístico | Arquitetura | Publicidade | Floricultura | Estética.

Dicas

1 Coloque seu cliente no palco e promova a melhor experiência da vida dele.

2 Coloque todos os holofotes nele. Ele é a pessoa mais importante da empresa.

3 Crie privilégios e serviços exclusivos para seus clientes que mais compram.

Autoconfiança

Significado: Confiança em si mesmo. Sentimento de segurança em relação a si mesmo; firmeza. Credibilidade ou conceito positivo que se tem a respeito de si mesmo.

Qual é o maior benefício emocional de aprender uma arte marcial? Por que a procura por cursos de *coaching* e treinamentos vivenciais tem crescido tanto? O que uma *hair designer* ou *personal stylist* realmente vende?

Meu pai se chamava Antonio Izidro e era faixa preta de judô e jiu-jitsu. Por eu ser seu décimo primeiro filho, não tive a felicidade de ser seu aluno por muito tempo, mas foi tempo suficiente para aprender duas lições importantes: aprendi a cair sem me machucar e a levantar toda vez que caía ou me derrubavam no tatame. Eu traduziria essas duas lições num só benefício: Autoconfiança.

Seja um menino que sofre *bullying*, seja uma mulher que sofre assédio sexual ou ainda um homem que precisa ser mais assertivo ou firme, ao ingressar em qualquer arte marcial, e encontrando um bom mestre, terá mais autoconfiança depois de algumas aulas.

Outro dia encontrei uma mulher com um belo penteado no aeroporto. Depois de alguns minutos, ela me falou que era *hair designer*. Explicou que a maioria de suas clientes buscavam um corte de cabelo que transmitisse maturidade, experiência e mais respeito.

Já pensou uma mulher querendo demonstrar ser mais velha? Não! O que ela queria era ter mais autoconfiança no trabalho, mas precisava se olhar no espelho todos os dias e ter algo que ancorasse mais confiança. Suas clientes buscavam autoconfiança.

A indústria do coaching, palestras motivacionais, treinamentos corporativos, cursos de vivência... todos promovem de algum modo mais autoconfiança para seus alunos. Afinal, para que serve andar sobre cinzas, quebrar madeiras, gritar loucamente e passar por tantas experiências intensas nesses treinamentos?

Mesmo um curso de língua estrangeira pode promover mais autoconfiança num jovem que precisa falar com estrangeiros no novo emprego, ou numa jovem que fará algum intercâmbio em outro país. Já pensou também quantos jovens precisam de autoconfiança para sair da casa de seus pais? O que você pode vender para eles?

Quanto autoconfiança você promove nos seus clientes? Você já pensou que muitos dos compradores profissionais de empresas precisam sentir confiança para comprar seus produtos? Seus colaboradores demonstram autoconfiança na hora de vender?

Segmentos

Academias | Salões de Beleza | Vestuário | Imobiliárias | Óticas | Eventos | Automobilístico | Artes Marciais | Escola de Idiomas | Universidades | Armas | Artigos Médicos e Ortopédicos.

Dicas

1 Promova mais autoconfiança nos seus colaboradores. Ela é contagiosa!

2 Pessoas com mais autoconfiança compram mais. Cultive mais autoconfiança!

3 Promova uma transformação pessoal inesquecível nos seus clientes.

Autoestima

Significado: Sentimento de satisfação pessoal que experimenta o indivíduo que conhece suas reais qualidades, habilidades e potencialidades e que está consciente de seu valor; sente-se seguro com seu modo de ser e confiante em seu desempenho.

Não importa se seu cliente é rico, pobre, alto, baixo, gordo, magro, lindo, jovem, adulto, idoso, homem ou mulher, você sempre encontrará pessoas com autoestima baixa, neutra ou elevada. Então, que tal promover autoestima, amor próprio ou brio nas pessoas?

Cabe a você elevar a autoestima de seus clientes com seus produtos e serviços. Quando uma mulher vai a um salão de beleza, não está interessada somente em cortar, pintar ou escovar o cabelo; fazer as unhas ou massagem. O que mais essa mulher (ou homem) deseja é manter sua autoestima elevada.

Talvez um gerente não consiga a promoção que tanto deseja para o cargo de diretor. O que ele faz? Compra um carro da marca preferida dos diretores de empresas do seu segmento. "Já que não dá para ter o cargo, posso ter carro de diretor" - Pensa ele.

Seja uma mãe que perde 10 kg ao fazer um regime após nascimento de seu filho, seja um pai que sai de uma concessionária com seu carro novo, seja um adolescente que compra uma chuteira igual ao do seu ídolo, o que todos querem é amor-próprio.

Quem vende sementes e insumos agrícolas mais caros, pode vender a emoção de uma plantação vistosa, resistente e abundante para um fazendeiro. Quer justificar um preço de alto valor? Fale de uma emoção de alto valor! Trabalhe a autoestima do fazendeiro! Esse gatilho emocional valerá mais do que você falar racionalmente das características técnicas da semente.

Existe outra infinidade de segmentos que promovem a autoestima para seus clientes, e cabe a você ensinar seus vendedores a usarem mais essa palavra em suas apresentações de vendas e propaganda. Cabe a seus vendedores aprender a criar, vender e entregar mais autoestima em seus clientes nas relações de vendas.

Como seu produto pode promover autoestima para seus clientes? Que serviços você pode agregar para elevar a autoestima deles desde o momento que entram na sua empresa? Como posicionar seu discurso como sinônimo de autoestima?

Segmentos

Cosméticos | Vestuário | Calçados | Automobilístico | Academias | Clínicas Estéticas | Farmácias | Floriculturas | Agronegócio | Óticas | Imobiliárias | Decoração.

Dicas

1 Exiba depoimentos de clientes felizes. Mostre o ANTES e DEPOIS do seu produto.

2 Pergunte ao cliente o que ele sentirá após adquirir seu produto.

3 Quando estiver lidando com compradores indecisos, fale mais sobre a autoconfiança que seu produto ou serviço promove nas pessoas.

Autorrealização

Significado: Ato ou efeito de realizar a si próprio. Satisfação; cumprimento do seu objetivo ou meta de vida. Realização pessoal, profissional.

Por que boa parte dos jovens gastam o primeiro salário do primeiro emprego para comprar um celular de última geração? Por que jovens casais gastam o equivalente a um apartamento numa festa de casamento para depois morar nos fundos da casa da sogra? O que motiva um gerente a morar num bairro rico da cidade, mesmo sabendo que mal sobrará dinheiro para pagar a taxa do condomínio?

A resposta às perguntas reside no fato de que o estagiário quer mostrar para os amigos que agora tem dinheiro para comprar o celular mais caro e mais desejado pela sua geração. Meu pais falavam: "quem casa quer casa". Agora mudou para: "quem casa quer festa de casamento". Quanto ao gerente, ele não tem paciência para esperar tanto tempo para morar no bairro ou condomínio que outros gerentes ou diretores moram.

O estagiário, os noivos e gerente querem acelerar o processo da realização pessoal, abreviando etapas, para chegar logo ao final feliz do filme e dizer: estou realizado porque sou bem sucedido. Eles possuem outras necessidades mais importantes, mas o desejo de autorrealização é maior. E quando o assunto é emoção, os desejos movem o mundo!

Quando você quiser vender um produto mais caro, posicione esse produto como sinônimo de status. O que é status? Status é o valor que os outros dão a você quando olham os produtos e marcas que você consome, cargo ou posição social que ocupa. A Apple conhece bem esse gatilho. A realização ocupa a elite dos sentimentos.

Se você vende um produto caro e toda hora enfrenta a objeção do preço, vou te dar uma dica que funciona muito bem. Quando o cliente disser que seu produto está caro, responda: "meu produto não é caro. Ele é exclusivo! Poucos podem pagar e você é um deles". Simples assim! Não venda o produto. Venda a realização pessoal, o status, a vaidade e o respeito.

Quão realizados seus consumidores se tornarão após comprarem seus produtos? Quão ansiosos eles estão para mostrar seu produto a toda vizinhança, família, cidade e planeta? Será que eles vão correr imediatamente para o Instagram para exibir sua nova compra?

Segmentos

Joalheria | Turismo | Hotel | Vigilância Pessoal | Restaurantes | Adegas | Vestuário | Antiquários | Automobilístico | Aviação | Náutico | Imobiliário.

Dicas

1 Antecipe uma realização que aconteceria num futuro distante para o presente.

2 Peça para seu cliente imaginar quão impressionados seus amigos e familiares ficarão quando vê-lo saindo da loja com sua nova compra.

3 Mostre depoimentos de diversos cientes que se realizaram e são reconhecidos na sociedade.

Equilíbrio

Significado: Estabilidade emocional e mental; controle, autocontrole, autodomínio. Afastamento de qualquer excesso; moderação nos gestos, modos, sentimentos.

Equilíbrio também vende? Que produtos você já comprou porque precisava de mais equilíbrio mental ou emocional? O que escola ou creche tem a ver com equilíbrio?

O melhor caminho é o do meio. Você já deve ter ouvido esse ditado. Quando estamos no mercado das emoções, o meio é tão importante quanto os extremos emocionais. Talvez esse equilíbrio emocional atraia a maioria dos clientes.

Quando esse equilíbrio é importante? Quando seus clientes estão nos extremos: calmos demais ou ansiosos demais; sem energia alguma ou com muita energia; tristes demais ou alegres demais; depressivos ou eufóricos.

O ritmo frenético e acelerado ao qual estão submetidos os cidadãos nos grandes centros urbanos já promovem muito estresse e inquietação. Trânsito, carga excessiva de trabalho, poluição, altos índices de violência... esses cidadãos precisam e buscam produtos e serviços que possam trazer algum equilíbrio mental, físico e emocional.

Se por um lado, temos um mercado que consome emoções fortes, quer experiências intensas, existe um público que se sente confortável num ambiente controlado e equilibrado. Se você posicionar seus produtos e serviços como um meio para esse equilíbrio, conquistará esse púbico moderado.

Seja uma meditação, seja um remédio controlado. Seja um seguro de carro, seja um seguro de vida. Seja uma creche, seja uma escola.

Todos promovem uma sensação de segurança psicológica e emocional para que as pessoas possam ter um equilíbrio emocional para viver. Você teria equilíbrio emocional para trabalhar se não tivesse com quem deixar seus bebês ou filhos pequenos?

O desconhecido sempre será um caminho sombrio, perigoso e temeroso para quem está acostumado na zona de conforto. Do mesmo modo que você acalmará as pessoas que estão ansiosas e inseguras nos momentos agitados, você agitará as pessoas que estão cômodas demais nos momentos calmos. Quem trabalha no sistema financeiro, imobiliário e bancário deve explorar essa emoção.

Quem também explora bastante esse gatilho são as igrejas e religiões. Cabe a elas serem provedoras de moderação, controle, prudência, enfim, equilíbrio na vida de seus fiéis. Mais do que promessa de salvação no céu, as pessoas precisam de equilíbrio na terra.

Como sua empresa pode garantir uma zona de conforto para os clientes? Como você pode garantir as conquistas que seus clientes já tiveram?

Segmentos

Bolsa de Valores | Bancos | Igreja | Esportes | Segurança | Farmácias | Creches | Imobiliário | Academia | Eventos | Seguros | Consultorias.

Dicas

1. Desenvolva rituais e rotinas para clientes que gostam de sentir que estão no controle.

2. Estabeleça padrões de atendimento e serviços padronizados.

3. Não mude toda hora seus procedimentos. Muitos clientes gostam de rotinas.

Esperança

Significado: Sentimento de quem vê como possível a realização daquilo que deseja, confiança em coisa boa, fé. Ato de esperar aquilo que se deseja obter.

Qual produto você imagina que está fortemente associado a esperança? O que esperança tem a ver com religiões e governos? Como a esperança afeta o agronegócio?

Segundo Mário Cortella, esperança não advém do verbo esperar. Ele até usa o termo esperançar. Enquanto esperar é: "ah, eu espero que dê certo, espero que aconteça, espero que tudo se resolva", esperançar é "levantar, ir atrás, não desistir e juntar-se com outros para fazer de outro modo". Faz sentido para você essa diferença?

Se você vende um insumo, uma nova tecnologia, uma inovação que vai mudar o futuro de seu cliente, seja ele uma pessoa física ou jurídica, você tem que vender esse "esperançar". Afinal, se você e seu cliente esperarem muito, nada pode mudar.

Depois que mostrar todos os benefícios emocionais de seu produto, ao pedir o fechamento, diga: "se você disser não, nada muda. Se disser SIM, TUDO MUDA!". Você ainda poderia usar o gatilho do medo: "se disser não, tudo pode mudar para pior". Mas eu prefiro usar gatilhos positivos. E a esperança é um gatilho positivo poderoso.

Muitos vendedores são extraordinários porque têm uma capacidade de vender um futuro melhor e mais feliz. Eles resgatam a esperança de um futuro melhor, porque acreditam e ajudam seu cliente a construir esse futuro esperado. Vendedores extraordinários vendem o futuro desejado para quem vive um presente indesejado.

A falta de esperança dos clientes é uma das principais objeções que impedem eles de investirem mais. Quem vende no agronegócio entende bem quando eu falo de futuro. Eles vendem uma colheita futura, mercado futuro, projeções de safra. Se você não é bom em vender esperança, dificilmente será um bom vendedor no agronegócio. Talvez a esperança é a semente mais importante a ser vendida no agronegócio.

A esperança, assim como o desapego, também é um gatilho valioso na religião. Cabe não só aos líderes religiosos, como aos governantes vender uma visão. Se perdemos a esperança, não nos arriscamos. E numa crise, muitas pessoas guardam seu dinheiro debaixo do colchão justamente porque não têm esperança em governos e mercados.

Venda produtos que promova mais previsibilidade, garantia e segurança de um futuro para seus clientes. Não prometa algo que você não possa cumprir. Se seu cliente perde esperança na sua marca ou em você, para de comprar e indicá-lo para outros clientes.

Quanto você pode promover de esperança a seus consumidores? Você tem esperança em sua equipe? Quanta esperança você tem plantado na sua comunidade?

Segmentos

ONGs | Agronegócio | Agroindústria | Imobiliário | Bancos | Seguros | Igrejas | Universidades | Floricultura | Academia | Consultorias | Publicidade.

Dicas

1. Esperança não é esperar seus clientes sentados. Você também precisa esperançar.

2. Tenha esperança! Mas procure agir, inovar e fazer cada vez melhor.

3. Cultive mais esperança em sua marca, equipe e empresa.

Tranquilidade

Significado: Estado ou qualidade de tranquilo. Sem inquietação, perturbação ou alvoroço. Repouso do corpo ou do espírito. Sossego, paz, aquilo que é tranquilo.

Por que as pessoas estão cada vez mais tomando remédios para dormir? Qual é o primeiro produto que vem em sua mente quando pensa em tranquilidade? Você pensaria em alarmes ou câmeras de CFTV?

Mais do que a própria segurança, quando instalamos alarmes monitorados e câmeras de CFTV em nossas casas, podemos viajar mais tranquilos para nossas férias, sabendo que a casa está sendo monitorada. Ou ainda, podemos dormir mais tranquilos. O que as empresas de segurança vendem atém da própria segurança é o sono tranquilo.

De modo semelhante, quando contratamos um seguro de carro, plano de saúde e seguro de vida, podemos ter dias e noites mais tranquilas, pois sabemos que estamos amparados em caso de algum sinistro, doença ou morte. Mas você que atua no turismo pode vender pacotes completos para os lugares mais tranquilos e quietos do planeta.

Quantos fios tem o lençol de sua casa? Eu não sabia até minha esposa chegar com um lençol de 1200 fios de algodão egípcio que era quase o valor de um salário mínimo. Eu quase desmaiei ao ver o preço. As pessoas literalmente pagam a mais por um sono tranquilo, pois o sono representa 1/3 de seu dia. Quem já comprou uma babá eletrônica para monitorar seu bebê no berço, comprou horas sagradas de sono.

E se você descobre que pode entregar (e não só prometer) mais tranquilidade aos seus clientes, cobre a mais por isso. Afinal, as pessoas estão dormindo cada vez menos e mal. Segundo a OMS (Organização Mundial da Saúde), o distúrbio do sono afeta 40% dos brasileiros e 45% da população mundial.

As empresas farmacêuticas surfam bem nessa onda da tranquilidade. Elas não vendem remédios para dormir. Vendem um sono tranquilo e disposição para o dia seguinte. Você já deve ter visto uma pessoa viciada em remédios quando percebe que seus remédios estão acabando? Só em pensar já ficam inquietos, insones e perturbados.

A própria privação de sono aumenta a produção do cortisol, conhecido como hormônio do estresse, mantendo o corpo em constante estado de alerta, mais sensível a dor e cansaço impedindo assim que a musculatura consiga relaxar.

Enfim, venda menos dor de cabeça, menos dor no corpo, menos dor na alma... venda a quietude mental, física e espiritual. Garanta aos seus clientes a tranquilidade de saber que fizeram a melhor escolha quando compraram seus produtos.

É tranquilo para seus clientes comprarem seus produtos? Eles ficam tranquilos quando precisam resolver problemas com sua empresa? Como está seu pós-vendas?

Segmentos

Academias | Segurança Privada | Seguros de Vida | Colchões | Turismo | Hoteleiro | Loja de Bebês | Creches | Spas | Farmacêutico | Planos de Saúde | Livrarias.

Dicas

1. Invista bastante no pós-vendas, pois é nessa hora que surgem os pesadelos.

2. Clientes tranquilos compram mais! Venda mais tranquilidade.

3. Ofereça um espaço e momento de quietude para quem vive afundado no caos.

Vontade

Significado: Firme intento ou sentimento de desejo, motivado por reação física, emocional ou fisiológica; querer. Impulso ou força interior que leva a pessoa a realizar algo anteriormente planejado ou a atingir seus desejos; determinação.

Vocês já perceberam que algumas propagandas de crianças mudaram nos últimos anos? Por que as pessoas vem procurando cada vez mais esportes ao ar livre nos finais de semana? Por que a indústria farmacêutica deitou na cama dos casais?

Quando eu era menino vivia nas ruas brincando e eu me lembro bem de ouvir minha mãe falando antes de eu sair: "já fez todas as tarefas? Se fez, pode ir. Mas volte antes do anoitecer". As brincadeiras eram tantas: futebol, subir em árvores, pega-pega, bola de gude, esconde-esconde... Não sei de onde tirávamos tanta energia.

Qual era a propaganda do Nescau há 30 anos? "Nescau! Energia que dá gosto". A propaganda exibia vários esportes e aventuras. Há cinco anos a propaganda mostrava um menino camuflado na cor do sofá. E não se via ele até que começava a tomar Nescau. No final, ele se libertava do sofá. O slogan mudou: "Menos sofá, mais parques".

Se há cinco anos as crianças já não saíam de casa para as ruas, imagine agora, que elas não saem da cama sequer para tomar banho ou café da manhã. E quem já era sedentário agora ficou obeso. E o slogan mudou mais uma vez: "Alimentação Equilibrada"... Talvez daqui a dez anos o slogan seja: "crianças, desistimos de vocês".

Outro ramo que passou a vender muito foi o de energéticos. Quando era jovem, eu não lembro de precisar beber energético para criar asas. Eu ia para festas, virava a noite dançando forró e depois ainda ia fazer provas no curso de engenharia elétrica. Às vezes parávamos para comer um cuscuz com bode ou caldo de cabeça de galo no bairro da Prata, em Campina Grande, Paraíba. Esse era nosso energético natural!

Nunca se vendeu tanto estimulantes para crianças com déficit de atenção e estimulantes sexuais para adultos. O Viagra ganha do Nescau no quesito energia que dá gosto. Agora já vendem também o viagra feminino, droga que aumenta o apetite sexual nas mulheres. Já criaram até um nome técnico para falta de vontade: Transtorno do Desejo Sexual Hipoativo (TDSH). Será que essa falta de vontade afeta mais os casados que solteiros?

Outro segmento que usa bastante esse gatilho emocional da vontade é o de aventuras, artigos de camping, caça e pesca, bicicletas e esportes. Por quê? Porque os compradores buscam na adrenalina e aventura do final de semana, a vontade necessária para suportar uma semana de trabalho indesejada.

Como seu produto pode gerar a energia que seu cliente precisa para viver? Que serviços você pode oferecer para fortalecer as vendas de seus clientes? Sua equipe tem vontade de servir? Como você pode energizar seus clientes?

Segmentos

Treinamentos | Hospitais | Loja de Brinquedos | Alimentício | Eventos | Turismo | Esportes | Esportes de Aventura | Clínicas | Farmácia | Igrejas | Escolas.

Dicas

1. Envolva seu clientes em encontros e atividades abertas nos finais de semana.

2. Promova mais movimento e ação entre seus clientes. Vida é movimento!

3. Energize e motive também sua equipe. Entusiasmo é contagiante.

Exercícios

1 Quais emoções e sentimentos, que você estudou neste grupo, podem ser aplicados no seu produto, serviço ou empresa?

_____
_____
_____
_____

2 A partir do estudo deste grupo, quais outras emoções, que não foram citadas, podem ser aplicadas no seu produto, serviço ou empresa?

_____
_____
_____
_____

3 Preencha as linhas da coluna da direita com 9 tipos ou categorias de produtos de sua empresa. Depois ligue cada item da direita com o máximo de emoções da coluna da esquerda.

Alegria	_____
Autoafirmação	_____
Autoconfiança	_____
Autoestima	_____
Autorrealização	_____
Equilíbrio	_____
Esperança	_____
Tranquilidade	_____
Vontade	_____

Grupo 2

EU - ALGUÉM

Altruísmo

Significado: Amor expressado de forma espontânea pelo próximo, sem nenhuma troca; filantropia, abnegação. Bondade; beneficência.

Como podemos persuadir as pessoas a ajudarem mais pessoas? Por que algumas propagandas são como flechadas em nosso coração? Como conquistar mais doações?

Você está relaxando em casa após um delicioso almoço, abraçado com seu filho saudável, num confortável sofá vendo televisão. Surge a propaganda dos Médicos Sem Fronteiras, mostrando o cenário desolador de crianças chorando, na idade de seu filho, doentes, desnutridos e famintos. No fundo, você ouve uma música triste e um pedido de socorro no final pedindo por uma pequena doação.

Se você fica impactado e pensa em fazer algo por essas crianças, você é uma pessoa que tem o sentimento do altruísmo, filantropia e empatia, pois se coloca no lugar dos outros. E ainda que não faça a doação, você se sente mal por isso.

De maneira oposta ao egoísmo, o sentimento do altruísmo surge quando nos preocupamos com o bem-estar do outro em primeiro lugar, abrindo mão muitas vezes de nossas próprias vontades e interesses.

Empresas do terceiro setor, entidades assistenciais, igrejas e campanhas de doações exploram o gatilho do altruísmo. Quando trago o altruísmo para esse livro, não quero que você use esse gatilho em proveito próprio. Ao contrário, considero muita falta de ética e respeito abusar da boa vontade das pessoas. Agora o foco dos gatilhos está no outro.

Hoje mesmo divulguei um evento online onde farei uma palestra para arrecadar fundos para um abrigo de idosos em Pernambuco (Lar das Vovozinhas). Ao fazer o convite, escrevi: as vozinhas não podem esperar mais. Precisamos de sua contribuição.

E não me sinto culpado, pois elas estão realmente passando muita necessidade. Tanto que nem cobrei nada para fazer a palestra, e não cobro quando participo de eventos que ajudarão pessoas carentes, doentes ou que passam por momentos difíceis. O objetivo não é proveito próprio, mas ajudar quem tanto precisa de ajuda.

Se você tem uma causa social legítima e nobre, não tenha vergonha de vendê-la e pedir doações. Uma boa causa tem um poder magnético e viral de conquistar mentes e corações. Cada vez mais empresas dedicam uma parte de suas receitas para alguma causa social, racial, religiosa ou ambiental. Estão apenas disparando um gatilho emocional para que seus clientes os apoiem na sua causa.

Segmentos

Vestuário | Artesanato | Brinquedos | Agroindústria | Engenharia | Artes | Eventos | Arquitetura | ONGs | Publicidade | Esportes | Igrejas.

Dicas

1 Estimule seus colaboradores a participarem de programas assistenciais.

2 Adote algum projeto beneficente de sua cidade e peça apoio aos seus clientes.

3 Reverta parte de seus lucros para essas entidades assistenciais.

Amor

Significado: Sentimento que leva uma pessoa a desejar o que se lhe afigura belo, digno ou grandioso. Grande afeição que une uma pessoa a outra, ou a uma coisa; devoção. Apego a coisas ou a objetos inanimados que proporcionem prazer.

Você tem filhos? Se você tem filho certamente já deve ter falado dez vezes a palavra "NÃO" quando ele pediu algum brinquedo, celular, roupa ou viagem. E acabou dizendo: "sim, tá bom! Você venceu", quando ele pediu pela décima primeira vez. E por que cedeu? Porque é mais difícil dizer "NÃO" para quem amamos incondicionalmente.

Se você está com dificuldade de vender um produto para alguém que diz insistentemente "NÃO", busque quem mais ama esse cliente resistente. Se o marido não compra, busque a esposa. Se a esposa não compra, busque o marido. Se os pais não compram, busque os filhos. Se o neto não compra, busque os avós.

Faça propagandas e campanhas publicitárias para conquistar a pessoa que mais ama o cliente que será beneficiado pelo seu produto ou serviço. Pode ser esposa, marido, pai, avós ou filhos. Por exemplo, quer vender mais brinquedos? Anuncie para os avós no aniversário dos netos, Natal ou dia da criança...Tá bom! Apelei né?

O que está em jogo quando um noivo põe uma aliança nas mãos de uma mulher? Ou quando um filho compra um caixão para um pai ou mãe que faleceu? Amor! Como assim? A intensidade do amor do noivo é diretamente proporcional ao preço e peso da aliança de ouro, e o amor do filho diretamente proporcional ao modelo do caixão.

O vendedor emocional já fala: "certamente uma aliança à altura da beleza de sua noiva" ou "sabendo que o caixão é sua última homenagem ao seus pais, ele ficará feliz onde quer que esteja". E se você achar caro, eles te lembrarão que seus tios, amigos e toda torcida do flamengo estarão no velório vendo quanto você amava seu pai que partiu dessa para melhor. Mas quem parte dessa para pior é o saldo de sua conta bancária... Calma! Estou brincando. Nossos pais merecem!

Se você vende rastreamento de veículos certamente já encontrou dificuldades de vender para homens casados. Não sei porque, mas talvez os homens não queiram ser rastreados. Mas quem eles adorariam rastrear? Suas esposas e filhos. Ofereça um rastreador de carros como um "gesto de amor" que um homem fará pela esposa que ele tanto ama. E você terá uma venda tão incondicional quanto o amor dele.

Entendeu a sacada? Venda a emoção! O sentimento amor vai justificar o valor a ser pago no boleto ou cartão todos os meses. Quem ama, cuida! Quem ama, rastreia!

Segmentos

Floricultura | Joalherias | Presentes | Restaurantes | Turismo | Hotelaria | Brinquedos Infantis | Vestuário | Eletrônicos | Perfumaria | Automotivo | Imobiliário.

Dicas

1 Faça como perfumarias, expresse amor e carinho na embalagem do produto.

2 Transforme seu produto ou serviço num presente perfeito para quem se ama.

3 Explore datas comemorativas como dia dos namorados, crianças, mãe, pai...

Carinho

Significado: Manifestação de ternura que geralmente envolve contato físico; afago, carícia. Manifestação de cuidado em relação a alguém ou alguma coisa.

Qual produto você associa imediatamente a palavra carinho? Como uma empresa de chocolates se reposicionou no mercado e passou a vender mais? Como podemos vender mais para pais que tem crianças pequenas?

A Kopenhagen é uma empresa brasileira que vende chocolates, certo? Não! Eles vendem carinho! Sim! Eles vendem presentes maravilhosos na forma de lindas cestas, muito bem embaladas. Tem cestas com chocolates extraordinários para todas as datas e eventos especiais. Quem vende chocolate é Nestlé, Garoto e Lacta. Kopenhagen vende afeto! E lucram muito bem nessa estratégia de posicionamento.

Você quer me conquistar? Trate muito bem meus filhos e pais, trate-os com carinho e amor. E terás minha atenção e admiração. Pena que a maioria das empresas desprezam o gatilho do carinho. E por não cuidarem bem dos filhos, pais e avós dos clientes, perdem muitos clientes. Do que adianta gastar fortunas em propaganda?

Uma vez conversei com um vendedor campeão em vendas de alarmes que tinha resultados extraordinários no segmento residencial. Quando perguntei qual era o segredo, ele mostrou um monte de pirulitos redondos gigantes que ele oferecia às crianças. Sabe aqueles coloridos enormes? Bastava mostrar!

Ele me falou que tinha dois objetivos. Em primeiro lugar, os pais percebiam seu carinho legítimo pelos filhos. E se você trabalha numa empresa de segurança, deve mostrar que não só protege, como cuida com muito carinho de toda família. Segundo, o menino se ocupava uma hora com aquele pirulito gigante. Tempo suficiente para ele ter paz e tranquilidade para apresentar e vender. Simples, barato e eficiente.

Quando você teve seu bebê, você conseguia ir num cinema? Não! Mas um cinema em São Paulo criou uma sessão à tarde só para pais verem seus filmes acompanhados de seus bebês sem reclamar da choradeira na cadeira vizinha. Uma festa!

E como pais decidem qual clube ou hotel vão levar a criançada? Os principais critérios são: piscina, brinquedoteca, cuidadores e animadores para criançada, certo? E por que bares, restaurantes, academias não investem mais em espaço *kid*, atividades e cuidadoras para crianças? Quem vende carinho, pode vender produtos mais carinhos!

Seu estabelecimento tem áreas reservadas para as crianças? Sua loja tem um espaço *kid* com brinquedos novos ou um monte de brinquedos quebrados? Seu atendimento é carinhoso e afetuoso? Os filhos de seus clientes gostam de ir em seu estabelecimento?

Segmentos

Segurança | Hospitais | Loja de Brinquedos | Floricultura | Restaurantes | Creches | Escolas | Papelaria | Shopping Center | Eventos | Hoteleiro | Presentes.

Dicas

1 Distraia as crianças, mantenha elas ocupadas e terá atenção e tempo dos pais.

2 Tenha uma lembrancinha para as crianças, futuros consumidores de sua marca.

3 Envolva as crianças no processo de compra quando precisar da persuasão delas.

Distanciamento

Significado: Ato ou efeito de se distanciar; separação, espaçamento, afastamento. Ausência de proximidade ou envolvimento (com algo ou alguém); atitude de reserva ou recolhimento.

Que produto vem à sua cabeça quando falo distanciamento? De quem ou do que precisamos manter distância? O que podemos comprar para obter esse afastamento?

O fato é que por mais que o ser humano seja tribal e goste de viver em comunidade, ele precisa de alguns minutos, horas, dias ou semanas de isolamento. Por mais que amemos muito nossa esposa ou marido, filhos e avós, precisamos às vezes um distanciamento para termos nosso próprio momento.

Nessa hora vale meditar, fazer um retiro, viagem sabática, pescar ou alugar uma casa de praia. Posso citar alguns tipos de distanciamento: social, mental, físico e emocional.

Uma das melhores coisas no meu trabalho é poder viajar pelo mundo, ministrando palestras para milhares de pessoas, almoçar com empresários e alunos, visitar novas cidades e países. Mas chega um momento que preciso de um distanciamento de tudo e de todos. Hora de me recolher no quarto e me isolar das pessoas e agitação.

Distanciamento mental é você se distanciar por algumas horas de seus maiores problemas, anseios e aflições. Sabe aquele momento no trabalho que você precisa tirar umas férias ou feriado prolongado. O problema é que a tecnologia nos torna cada vez mais escravos do trabalho. Precisamos de soluções que nos desconectem do trabalho.

Também precisamos distanciar as pessoas de riscos, incêndios e acidentes. Trata-se do distanciamento físico. Nessa categoria entra os equipamentos de segurança, guarda-costas, automação, EPIs... Enfim, distanciamento espacial ou físico do perigo.

Também podemos distanciar plantações de pragas, rebanhos de doenças, galinhas de gripe aviária, porcos de gripe suína... O distanciamento pode ser muito utilizado no agronegócio. Vendedores que vendem defensivos agrícolas, fungicidas ou pesticidas. devem vender aos fazendeiros o distanciamento das ameaças e riscos que podem comprometer suas plantações, criações ou rebanhos.

Também podemos disparar o gatilho do distanciamento emocional. Às vezes, os indivíduos estão tão conectados à lembranças negativas e traumáticas que precisam de um isolamento emocional temporário. Infelizmente, muitos procuram drogas, bebidas, remédios antidepressivos, quando deveriam procurar uma ajuda profissional.

Você consegue distanciar seus clientes de quem eles mais querem? Como seus serviços podem promover um isolamento social, mental, físico ou emocional?

Segmentos

Turismo | Hotel | Spas | Igreja | Esportes | Agronegócio | Bares | Farmácia | Segurança | Automação | Agronegócio | Artigos de Pesca.

Dicas

1 Distancie as pessoas de suas maiores dores de cabeça, pesadelos e aflições.

2 Distancie seu cliente de qualquer fonte de problemas na sua empresa.

3 Cuide bem de seu cliente para que ele não queira distanciamento de sua empresa.

Orgulho

Significado: Sentimento de respeito que alguém sente por si mesmo. Sentimento de prazer ou satisfação que uma pessoa sente em relação a algo que ela própria ou alguém a ela relacionado realiza bem. Sentimento elevado de dignidade pessoal.

Por que roupas e brinquedos para crianças são tão caros? Como um veículo alemão pode produzir orgulho para alguém? Um Passat pode valer mais do que Land Rover?

Tenho um amigo que tem orgulho de seu Passat vermelho da década de 70. Certo dia ele foi levar sua filha adolescente na escola, mas ela pediu para deixá-la na esquina. Quando ele perguntou a razão, ela disse: "pai, tenho vergonha de chegar nesse carro velho, prefiro quando você vem de Land Rover". Mas o pai logo tratou de mostrar seu orgulho: "meu Passat é único, você encontrará várias Land Rover na concessionária".

Nunca fui muito ligado a marcas de veículos, mas confesso que senti muito orgulho de mim mesmo quando comprei meu primeiro veículo de marca importada. E ainda mais orgulho de tudo que eu havia realizado na vida quando adquiri meu primeiro BMW.

Não senti orgulho pelo bem material em si, pois sinto muito mais orgulho de mim mesmo quando faço doações para crianças carentes, participo de projetos assistenciais ou por ter ajudado alunos em 15 países a conquistarem resultados extraordinários.

Senti orgulho de ter um carro BMW por saber que meu pai dirigiu muitos anos um ônibus Mercedes-Benz amarelo da Itapemirim para criar seus filhos. Quantas madrugadas ele não passou em claro, arriscando sua vida e de 40 passageiros? Às vezes precisamos ter algo para sentir orgulho de ser algo. E por isso orgulho é mais um gatilho poderoso.

A BMW, Mercedes Benz, Volvo, Land Rover e tantas marcas famosas trabalham bem o orgulho, realização e status. E cobram muito bem por isso. Elas sabem que seus veículos fazem alguém valer mais para si mesmo e para outros. E por isso seus veículos valem mais. Simples assim! Elas não vendem veículos, vendem orgulho e realização.

Também sinto muito orgulho ao ver meu filho tirando uma nota 10 na escola. Invisto tudo que posso na melhor escola para ele. E a escola sabe disso e me cobra bem por cada hora. Também quero que ele se vista bem. E as lojas de roupas de crianças sabem disso e me cobram bem por isso.

E quanto aos brinquedos? Vendedor de loja de brinquedos é treinado para mostrar um brinquedo que 10 em cada 10 crianças desejam, e que por coincidência é o mais caro. Depois falam: "você deve ter muito orgulho de seu filho. Ele também sentirá muito orgulho de você quando chegar com esse brinquedo. Posso embalar para presente?".

Seus clientes têm orgulho de usar sua marca? Quão orgulhosos eles se sentem quando saem de sua loja ou empresa? Sua equipe tem orgulho de trabalhar na empresa?

Segmentos

Brinquedos | Agronegócio | Automobilístico | Presentes | Decoração | Construção | Escolas | Universidades | Objetos de Arte | Vestuário | Esportes | Festas.

Dicas

1 Promova emoções suficientes para que seu cliente tenha orgulho de usar sua marca.

2 Cultive mais orgulho nos filhos e amigos de seus clientes.

3 Cultive ainda mais orgulho pela marca entre os clientes internos (colaboradores).

Pertencimento

Significado: Crença subjetiva numa origem comum que une distintos indivíduos. Os indivíduos pensam em si mesmos como membros de uma coletividade na qual símbolos expressam valores, medos e aspirações.

Por que de uma hora para outra seu filho adolescente começa a andar com outros jovens com mesma roupa, penteado, tatuagens e comportamento? Por que alguns motociclistas passam a semana inteira esperando pelo encontro de motos no final de semana?

O homem sempre foi e será um animal tribal e grupal, mesmo aquele que se isola de tudo e de todos, terminará se identificando com outros que também vivem isolados e, logo estarão criando um grupo em alguma rede social.

O que a Harley-Davidson vende? Motos? Não! Quem vende isso é a Honda e Yamaha. A Harley-Davidson vende o sentimento de pertencimento a um grupo ou tribo que possui um estilo de vida, uma filosofia e um código de conduta. E a Harley explora muito bem esse gatilho promovendo também bem-estar e exclusividade aos seus clientes

O mesmo acontece também com o grupo de Rally, o grupo de observadores de ovnis, o grupo de mães que compram produtos para seus bebês ou dos milhares de jovens que lotam eventos de cosplay. Você não sabe o que é cosplay? Pergunte ao seu filho. Ele te explica! Ou veja as imagens no Google.

Você já percebeu a quantidade de ciclistas acima dos 40 anos, todos paramentados, pedalando bicicletas caríssimas nas rodovias? Talvez você não saiba, mas algumas daquelas bicicletas de fibras de carbono custam mais que um carro popular. Mas esse é o preço a ser pago para pertencer ao grupo e gozar de toda fraternidade do pedal.

Outro caso interessante de pertencimento é quando você pertence a uma classe que abraça ou se identifica numa causa em comum. Complete a frase: Tenho orgulho de ser... ? Gaúcho, negro, nordestino, mulher, GLBT... são vários que usam esse gatilho. Basta reunir a tribo, abraçar uma causa em comum e vender produtos que reforçam esse sentimento de pertencimento ou identidade.

Você venderá mais produtos quando construir uma tribo ou grupo e reunir pessoas e principalmente histórias por trás desses produtos. Talvez você tenha o produto certo mas está oferecendo na tribo errada. Ou está oferecendo o produto errado na tribo certa. Saber para quem vender é mais importante do que saber vender, pois suas técnicas não serão capazes de vender por muito tempo o produto errado para a tribo errada.

Em qual tribo você encontrará seus clientes potenciais? Para qual tribo você gostaria de oferecer seus produtos e serviços? Você tem feito a oferta certa para a tribo certa?

Segmentos

Automobilístico | Vestuário | Educação | Esportes | Religião | Adega | Entretenimento | Restaurantes | Eletrônicos | Construção | Imobiliário | Náutico.

Dicas

1 Crie comunidades nas redes sociais de clientes que já compraram seus produtos.

2 Promova encontros e eventos nessa tribo. Inicie seu manifesto! Crie seu movimento!

3 Conte a história do seu produto apropriada para a tribo que você deseja atrair.

Proximidade

Significado: Condição ou caráter do que é ou está perto ou próximo de; contiguidade, vizinhança. Pequena distância ou pequeno espaço de tempo.

Como podemos vender uma câmera numa casa já segura ou numa cidade com baixos índices de violência? E por que a videoconferência vale tanto em tempos de pandemia?

Uma das maiores dificuldades de empresas de segurança é vender sistema de câmeras para condomínios fechados, pessoas que moram em apartamentos e para quem vive em cidades com baixos índices violência.

O problema está justamente em só falar duas emoções quando se vende segurança: tranquilidade e proteção. Quando você vai num condomínio vender câmeras para um casal que tem dois filhos pequenos, oferecendo tranquilidade e proteção é a mesma coisa que vender areia no deserto. Eles decidiram morar num condomínio fechado justamente para desfrutar da segurança, tranquilidade, conforto e proteção.

O problema tampouco é o preço do sistema, pois não chega nem a ser metade do que ela gastou na última viagem internacional. Que emoção dispararia nesses pais um interesse ou desejo maior do que aquele que eles sentem quando compram bens materiais? Proximidade de seus filhos. As mães, em especial, estão sempre procurando um novo cordão umbilical para se manterem próximas de seus filhos, eternos bebês.

Imagine que esse vendedor diga que tem uma câmera que vai permitir que esses pais possam ver seus filhos quando quiserem, onde quer que estejam, quantas vezes quiserem e como quiserem (pelo celular, tablet, computador...). Essa mãe teria o poder de estar próxima de seus bebês 24 horas por dia. Você acha que ela compraria?

A proximidade dos filhos significa também proximidade de tudo que uma pessoa mais ama, cuida, valoriza ou de quem deseja estar próximo. As pessoas pagarão mais para estarem mais próximas de seu cachorrinho ou gatinho de estimação. Donos de haras pagarão mais caro para estarem mais próximo de seus cavalos. Empresários pagarão mais para estar mais próximo dos colaboradores de suas filiais...

Enfim, quanto mais próximo você permitir que alguém esteja de quem ama, mais próximo estará de uma nova venda. O fenômeno do corona vírus trouxe consigo também o fenômeno da videoconferência para o ambiente familiar. Famílias comemoraram juntas através de aplicativos de computador. Vários avós impedidos de terem contato com seus netos puderam conversar e brincar com eles ao vivo pela tela de um computador.

Você consegue aproximar seus clientes através de seus produtos? Seus serviços aproximam as pessoas de algo que elas mais amam ou valorizam?

Segmentos

Pet Shop | Segurança | Agroindústria | Escolas | Esportes | Turismo | Floricultura | Loja de Departamentos | Restaurantes | Eletrônicos | Decoração | Presentes.

Dicas

1 Esteja cada vez mais próximo de seus clientes, especialmente, nas horas difíceis.

2 Traga mais que soluções para seu cliente. Traga clientes para seu cliente.

3 Aproxime mais seus colaboradores da cultura e história de sua marca.

Exercícios

1 Quais emoções e sentimentos, que você estudou neste grupo, podem ser aplicados no seu produto, serviço ou empresa?

_____
_____
_____
_____

2 A partir do estudo deste grupo, quais outras emoções, que não foram citadas, podem ser aplicadas no seu produto, serviço ou empresa?

_____
_____
_____
_____

3 Preencha as linhas da coluna da direita com 7 tipos ou categorias de produtos de sua empresa. Depois ligue cada item da direita com o máximo de emoções da coluna da esquerda.

Altruísmo	_____
Amor	_____
Carinho	_____
Distanciamento	_____
Orgulho	_____
Pertencimento	_____
Proximidade	_____

Grupo 3

EU - ALGO

Bem-estar

Significado: Estado de boa disposição física; satisfação das necessidades físicas e espirituais. Sensação agradável de segurança, conforto, tranquilidade.

Você já comparou os preços no setor de alimentos dos supermercados? Por que gastamos mais em alguns produtos mesmo sabendo que existe outros mais baratos? Por que achamos que produtos mais caros são melhores?

O preço de um Activia é o triplo do preço da bebida láctea fermentada mais barata. E eles não faliram? Sabe por quê? Eles não se posicionam como a bebida que contém *Bifidobacterium Animalis* que ajuda a manter o equilíbrio da flora intestinal, diminui a flatulência, inchaço na barriga e ruídos intestinais. Nem tampouco mostram a imagem de uma mulher literalmente enfezada e irritada a ponto de explodir.

Ao contrário, eles mostram uma mulher linda toda vestida de branco, caminhando quase flutuando numa praia paradisíaca ao encontro de seu príncipe encantado, montado num cavalo branco. Aí vem uma voz falando que Activia é uma bebida que possui lactobacilos dan reguláveis que regulam sua flora intestinal, promovendo bem-estar e conforto. E ainda prometem devolver seu dinheiro em 7 dias se você não "desenfezar".

Eu poderia oferecer um laxante que é bem mais barato que um Activia. Eu também devolvo o dinheiro se você não for ao banheiro em 7 dias. Aliás! Conheço um tão forte que faz você ir ao banheiro em 7 minutos. Mas um laxante não promove bem-estar e conforto igual ao Activia. Entendeu?

Talvez agora você entenda a genialidade do cara que em 2006 espremeu um limão numa garrafa de água com gás, colocou para gelar, chamou de H2OH! e alavancou as vendas da PepsiCo no mundo todo. A resposta foi imediata. Sete meses, vou repetir, sete meses depois a Coca-Cola também lançava sua bebida com gostinho de limão. Ele espremeu bem-estar numa água com gás e criou um novo mercado de bebidas saudáveis.

Você já deve ter constatado que verduras ou folhas orgânicas são quase o dobro ou triplo do preço do mesmo produto normal. Claro que há custos maiores com produção, transportes, certificação, mas muito dessa diferença se deve à demanda cada vez maior de pessoas que buscam produtos naturais ou sem agrotóxicos. Estima-se que o consumo desses produtos cresce em torno de 40% ao ano. E por também estar na moda, quem tem dinheiro paga quanto for necessário.

Como você pode posicionar seus produtos como sinônimo de bem-estar? Como você fará seus clientes se sentirem bem após a compra? Quanto bem-estar você promove às pessoas, à natureza e ao planeta? As pessoas se sentem bem em sua loja?

Segmentos

Alimentício | Restaurantes | Hoteleiro | Turismo | Pet-Shops | Farmácias | Cosméticos | Construção | Decoração | Estéticas | Joalherias | Delicatessen.

Dicas

1 Promova mais bem-estar que sua concorrência e cobre a mais por isso.

2 No fundo, as pessoas querem se sentir bem quando estão comprando.

3 Dê dicas de bem-estar antes, durante e depois da venda.

Conforto

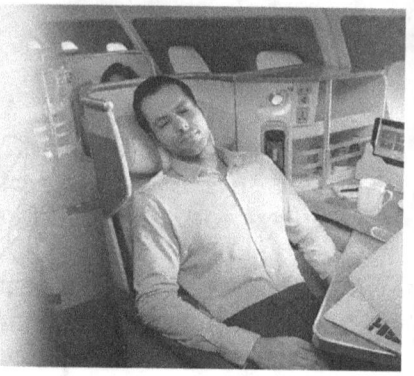

Significado: Bem-estar; comodidade material; aconchego. Consolação ou auxílio nas aflições. Pode ser no ambiente material como também ambiente emocional.

Por que sempre tem alguém pagando tão caro numa primeira classe? Por que eu pagaria o dobro no preço de um sapato, se todo sapato é igual? Conforto tem preço?

Uma vez fiz um bate e volta na Guatemala para dar uma palestra. Saí na segunda final da tarde de Curitiba, peguei um vôo em Guarulhos à noite, fiz uma conexão na Colômbia e quinze horas depois, amanheci na Cidade da Guatemala. Almocei, fiz a palestra às 14h, voltei para o aeroporto e embarquei às 18h. Doze horas depois, eu estava pousando no Rio de Janeiro ainda na quarta-feira às 7 horas da manhã.

Cansou só de ler? Mas essa era só a metade da viagem. Corri para pegar o vôo às 8 horas para Recife. Almocei com minha mãe, depois viajei de carro mais 5 horas para o sertão pernambucano, onde palestrei ainda na quarta-feira às 19 horas para 900 alunos. Tudo isso em menos de 48 horas.

Agora te pergunto: Quanto vale uma viagem confortável numa classe executiva? Valeu todo centavo que paguei. Agora entendo por que executivos que viajam com frequência entre países pagam com prazer por uma classe executiva. Afinal, uma classe executiva tem esse nome porque foi feita para executivos e quem viaja com freqüência, certo?

Outro dia perguntei a um vendedor por que pagaria 400 reais num sapato quando havia vários por 200 reais. Ele apenas me pediu para calçá-lo e depois me falou: "Não parece que seu pé está deitado numa cama *king size*, ar condicionado ligado em 18 graus, duas cobertas quentinhas e um travesseiro pena de ganso?". Ele fez uma metáfora que descrevia perfeitamente o que eu sentia nos pés naquele momento.

Ainda sim eu disse que não pagaria 200 reais a mais por um sapato. Então, ele me perguntou quantas horas eu ficava em pé. Depois me disse que eu ganhava muito mais que 200 reais por uma hora de palestra e que aquele sapato duraria muito mais que qualquer outro.

Acabei comprando dois sapatos e ao despedir, ele me falou: "Sr. Marcos, você vai gostar tanto desse sapato que um dia vai contar essa história para todo mundo". Ele me fez entender que eu estava pagando 200 reais por um sapato comum e mais 200 reais por conforto. E olha que nem falei que eu tinha hérnia de disco e gastava dinheiro com anti-inflamatórios. Ele teria me feito levar três sapatos.

Como você pode transformar seu produto em sinônimo de conforto? Quantos serviços você oferece que promovem conforto aos seus clientes?

Segmentos

Pet Shop | Aviação | Turismo | Hotelaria | Vestuário | Eletrônicos | Óticas | Móveis | Arquitetura | Colchões | Iluminação | Automotivo.

Dicas

1 Impressione os olhos dos clientes visuais, pois eles dão peso maior ao que vêem.

2 Estimule o tato dos clientes cinestésicos, pois eles dão peso maior ao que tocam.

3 Transforme seu produto ou serviço em música para os ouvidos dos clientes auditivos.

Desapego

Significado: Desprendimento dos bens materiais; desapegamento, desinteresse. Falta de apego, de afeição. Desinteresse, indiferença.

Por que as igrejas cultivam tanto o desapego ao dinheiro? Por que imobiliárias deveriam usar o gatilho do desapego? Por que o varejo depende do desapego?

Desapegar nada mais é que abrir mão de coisas que julgamos ser importantes ou úteis. Observe em sua casa quantos objetos você já comprou e nunca chegou a usar. E quanta tralha velha você insiste em guardar e que poderia abrir espaço para um novo, mas você não desapega deles.

Quantas coisas estão ocupando espaço nas gavetas, quartos, garagens e vida das pessoas? Quantas roupas você tem em seu guarda-roupas que nunca mais usou ou sequer vai usar um dia?

E como fisicamente dois corpos não podem ocupar o mesmo espaço ao mesmo tempo, precisamos esvaziar as gavetas e guarda-roupas para vendermos mais. Muitas plataformas de comércio eletrônico como Ebay, Mercado Livre, OLX cresceram focadas só no gatilho do desapego. "Desapega! Desapega...". Essas empresas não revendem produtos usados. Elas exploram o gatilho do desapego.

O desapego pode ser material, emocional e psicológico. As empresas venderiam mais apartamentos, móveis, eletrodomésticos, objetos de decoração e veículos se focassem nos jovens. Mas antes precisariam convencê-los a sair da casa dos pais.

Muitas esposas precisam sair de um casamento falido, mas não conseguem porque precisam de uma fonte de renda e forças para superar os desafios de um divórcio. O que você pode fazer por elas?

Como fortalecê-las para que possam sair de casa?

Sem questionar aqui o mérito ou necessidade do dízimo, muitas igrejas "vendem" a ideia ou sentimento de desapego ao dinheiro, porque precisam de doações ou dízimos. Você não vai doar algo no qual está apegado, especialmente, dinheiro que você tanto ralou para conseguir. Sim! Igrejas e religiões usam bastante o gatilho do desapego.

E o que falar das entidades assistenciais e organizações não governamentais? Vivem de doações. Quem está muito apegado ao próprio dinheiro não doa, não importa quantas crianças famintas, idosos doentes, florestas incendiadas ou cachorros abandonados existam no planeta.

Como você tem trabalhado a objeção do apego ao dinheiro? O que você tem oferecido em troca do dinheiro de seu cliente? Sua entrega final está à altura do preço cobrado?

Segmentos

Mercado de Usados | Vestuário | Móveis | Imobiliário | Decoração | ONGs | Igrejas | Construção | Artigos para Casa | Automobilístico | Arquitetura | Máquinas Agrícolas.

Dicas

1 Estimule um mercado de usados entre os clientes para estimular o desapego.

2 Em momentos de crise, a permuta também pode ser uma estratégia de desapego.

3 Faça mais doações e envolva seus clientes em causas que valham a pena.

Euforia

Significado: Sensação ou estado de intensa alegria, bem-estar e otimismo. Sentimento de alegria, felicidade e excitação exagerada, normalmente repentina.

Por que as pessoas adoram esportes radicais? Por que muitas pessoas se viciam em experiências intensas? É fácil ser racional na hora que você está eufórico?

Você já deve ter experimentado um estado de euforia. Seja quando passou num vestibular, seu filho nasceu, ganhou algum prêmio, fez algum esporte radical, encarou algum medo... de algum modo você já deve ter vivido alguma euforia na vida.

Embora muito associado aos efeitos de drogas alucinógenas ou distúrbios mentais, podemos induzir breves estados de euforia através de produtos e serviços, desde que consigamos provocar sensações ou experiência sensoriais muito intensas.

Eu sempre gostei dos esportes radicais, porque eles promovem esse breve estado de euforia. Mas confesso que fiquei muito eufórico quando peguei meu filho nos braços assim que nasceu ou quando fiz a primeira palestra para mais de 1000 pessoas. Você simplesmente não consegue esquecer. Foi difícil até dormir nesses dias.

Quem atua com eventos, viagens, esportes radicais, shows... pode cultivar breve estados de euforia em seus clientes, brincando com seus sentidos e promovendo experiências intensas. E nesses momentos as pessoas pagam o quanto você cobrar, pois querem experimentar um "barato" ainda maior do que o "barato" que sentem quando estão alegres. Algumas dessas experiências são tão intensas que o cliente se torna fã do produto ou atividade já no primeiro contato.

Conheço amigos que se tornam investidores só pela euforia e adrenalina provocada não só nas quedas, como nas subidas das ações. Mais do que um mercado de ações, uma bolsa de valores é uma bolsa de emoções, uma bolsa de euforias.

Ah! A expectativa de uma experiência pode ser mais eufórica do que a própria experiência. Então, cuide muito bem para criar uma boa expectativa antes da experiência, e procure não frustar seu cliente. A euforia é uma emoção extraordinária. Como você promoverá uma emoção extraordinária sendo ordinário? Difícil né?

Sempre bom lembrar que algo pode ser eufórico para mim, mas não sê-lo para outra pessoa. Assim como uma experiência que outra pessoa considera eufórica, pode não sê-la para mim. Vendedores extraordinários entendem que as pessoas são únicas. Clientes diferentes demandam emoções diferentes e uma venda exclusiva.

Você consegue promover breves momentos de euforia nos clientes? Quão memoráveis são as experiências que você promove através de seus produtos e serviços?

Segmentos

Bolsa de Valores | Bancos | Igreja | Esportes | Loja de Presentes | Bares | Imobiliário | Automobilístico | Joalherias | Eventos | Cinemas | Videogames.

Dicas

1 Não trate seu cliente como uma pessoa ordinária. Ele é único!

2 Vendedores extraordinários não tratam seus clientes de forma ordinária.

3 Atenção para não prometer mais do que pode entregar.

Experiências

Significado: Ato ou efeito de experimentar(-se); experimentação pelos sentidos. Conhecimento adquirido graças aos dados fornecidos pela própria vida.

Por que o *Cirque du Soleil* não faliu como a maioria dos circos pelo mundo? O que faz alguém saltar de paraquedas, escalar montanhas ou descer numa montanha russa? Como os restaurantes tem se reinventado nos últimos tempos?

Uma das experiências mais inesquecíveis que tive foi ver o *Cirque du Soleil* em Las Vegas, um dia depois de ter palestrado num congresso latino-americano. Eu sempre gostei de circos, mas o *Cirque du Soleil* é tudo, menos um circo. Música, danças, interpretações teatrais, atletas olímpicos, coreografia impecável, números incríveis... enfim, uma experiência extraordinária que só pode ser vivida para ser entendida.

Experiências também inesquecíveis eu vivi ao saltar de asa delta, fazer rapel em cachoeiras, escalar montanhas ou mergulhar entre os tubarões. Paguei por todas elas. E não foi barato. Por quê? Porque pagamos pela experiência e não pelo produto.

Quanto vale uma experiência única que só você, sua empresa ou seu produto podem promover a uma única pessoa. Experiências únicas vendem mais. Se você colocar uma pitada de exclusividade nessa experiência o preço é ilimitado. Quanto vale dirigir um carro de corrida oficial de seu ídolo da fórmula 1 num autódromo de Mônaco ou Dubai? Não sei, porque não realizei... Vou colocar na minha lista.

Quanto valeria uma viagem ao espaço? Essa eu sei. Uma empresa já vendeu 700 bilhetes por 250 mil reais. Detalhe: Ela sequer iniciou as viagens, mas as vendas já estão esgotadas graças a pessoas ansiosas por sentir essa experiência única.

Mas para promover uma experiência única com criatividade não é preciso muito dinheiro. Um dono de uma pizzaria em Curitiba decidiu reunir duas paixões nacionais: coxinha e pizza. Lançou a pizza com borda de coxinhas. Resultado? Pizzaria lotada todos os dias. Todos queriam experimentar a novidade gastronômica.

E por falar em gastronomia, eu me arrepio todo quando leio no cardápio a palavra *gourmet*, cerveja artesanal ou quando escuto que terei uma experiência gastronômica inesquecível. Por quê? Porque já sei que pagarei mais caro. Afinal, os restaurantes que promovem experiências extraordinárias a seus clientes cobram um preço extraordinário.

Quais são as sensações que seu produto promovem nos clientes? Como melhorar a experiência de compra desde o momento que seus clientes entram na sua loja física ou virtual? Qual é a história por trás de sua empresa, marca e produto?

Segmentos

Artes | Turismo | Hoteleiro | Restaurantes | Eletrônicos | Óticas | Videogames | Hospitais | Academias | Parques | Automobilístico | Arquitetura.

Dicas

1 Elabore uma fragrância ou cheiro atraente e inconfundível para sua loja.

2 Conte histórias extraordinárias através de seus produtos e envolva os clientes.

3 Torne seus serviços cada vez mais surpreendentes, divertidos e marcantes.

Independência

Significado: Estado, condição ou característica daquele que goza de autonomia ou de liberdade completa em relação a alguém ou algo. Condição financeira favorável de alguém ou de uma instituição, sem que precise depender de outrem.

Por que o Ubber foi um sucesso mundial? Por que muitas empresas de turismo faliram? Por que as imobiliárias burocráticas estão morrendo?

Como era a vida de quem morava em grandes cidades e não tinha carro próprio antes do Ubber? Ou pagava um ônibus atrasado e lotado; um metrô pontual, mas lotado ou um táxi exclusivo, mas caro. Aí aparece o Ubber. Um transporte exclusivo, pontual, seguro e mais econômico. Eles têm algum carro na frota? Nenhum. Venderam mais que transporte, garantiram libertação, autonomia ou independência aos usuários.

Como era a vida antes do Decolar? Dependíamos de agentes de viagens que faziam uma consulta de passagem aérea, hotel e reserva de carro. Agora basta você digitar o local e data da viagem. Tudo fácil ao alcance de seu dedo no celular. E a decolar tem algum hotel, avião ou frota de carros para locação? Não! Apenas vendem simplicidade, agilidade e autonomia. Ah! Como é bom não depender mais de alguém né? Libertador!

Como era a vida antes do Airbnb? Pessoas que precisavam alugar uma casa por algumas semanas ou alguns meses encontravam nas imobiliárias uma dificuldade tremenda e burocrática. E quando iam nos hotéis? Preços exorbitantes para um quarto com uma cama de casal, um frigobar pequeno, um ar condicionado, uma mesa e um banheiro. Aí surge o Airbnb com ofertas variadas de casas inteiras e sem burocracia. Basta você passar seu cartão de crédito e tá tudo certo. Viva à independência!

O que essas três empresas nos ensinam é que, ao promover independência e autonomia para seus clientes, você se torna essencial e valioso. Ensinaram também que poderiam cobrar um percentual para prestadores e consumidores de serviços, um preço percebido como baixo, quando comparado aos benefícios oferecidos.

Quanta autonomia você pode promover aos seus clientes? Seus serviços tornam os clientes menos dependentes de algo? Seus produtos e serviços estão disponíveis no celular ao alcance das mãos ou dos dedos?

Segmentos

Conveniências | Pet Shop | Turismo | Hoteleiro | Imobiliário | Construção | Portaria Remota | Autosserviço | Delivery | Lavanderias | Software | Serviços Virtuais.

Dicas

1 Quer se tornar indispensável? Dispense a burocracia.

2 Seus serviços devem ser cada vez mais autônomos e autossuficiente.

3 Promova mais autonomia às crianças, idosos, mulheres e animais domésticos.

Prestígio

Significado: Influência exercida por pessoas ou coisas sobre outras pessoas. Reconhecimento dos atributos de alguém ou de algo; admiração, consideração.

O que faz uma cliente pagar 1.000.000 reais numa bolsa? Como algumas marcas conseguem cobrar tão caro? Como conquistar prestígio vendendo produtos de consumo de massa?

Prestígio nada mais é do que uma valorização sociocultural atribuída a um indivíduo, a um grupo de indivíduos ou a algo, que faz com que esses se sobressaiam aos demais. Assim como status é o valor que os outros dão a você, o prestígio também é valor percebido pelos outros, reconhecimento instantâneo ou admiração do público.

E quanto mais valor um produto confere a alguém, mais valor terá e consequentemente mais caro será. Por isso que ouro sempre valerá mais que a prata ou cobre. Não tem a ver com as características do metal, mas com o valor percebido pelas pessoas.

A Louis Vuitton tem bolsas de 10.000 reais até 1.000.000 reais. Sua bolsa mais cara pode chegar a 220.000 dólares. E olha que essa nem é a bolsa mais cara do mundo. Tem cliente que paga todo esse valor? Claro! Se você vende plantadeiras ou colheitadeiras milionárias, venda o prestígio de tê-la nas fazendas. Poucos fazendeiros terão o privilégio de comprá-las para ostentá-las. Use e abuse do prestígio!

Os indivíduos buscam status e prestígio quando compram marcas mais caras e consomem produtos e serviços exclusivos. Mas se engana quem acha que prestígio tem a ver somente com o preço das coisas. Enquanto status está mais associado a valor, prestígio está mais associado a admiração e respeito do público.

Qual achocolatado você costuma comprar no mercado? Qual a

marca de leite condensado de sua preferência? Qual marca vem à sua cabeça quando falo de lã ou palha de aço? E que marca de adesivos curativos você prefere?

Se você respondeu Nescau, Leite Moça, Bombril ou Band-aid, você faz parte de uma maioria que tornou essas marcas sinônimos do segmento que atuam. Você pode até comprar um Band-aid de outra marca, mas procura por um Band-aid. Você não procura uma haste flexível para limpeza do ouvido. Você procura contonetes, certo?

Prestígio é isso! Ser procurado, desejado, lembrado e valorizado como o melhor. Quando falamos em prestígio e status, a percepção é realidade para o cliente. E nesse campo de batalha emocional, fatos e razões não tem força alguma. Muitos dizem que contra fatos não há argumentos. Eu digo que contra emoção não há fatos.

E se você não consegue vender um produto mais caro para poucos, venda um produto mais barato para muitos, mas associe algum tipo de prestígio a esse produto.

Segmentos

Alimentos | Agronegócio | Automobilístico | Vestuário | Acessórios | Turismo | Hoteleiro | Cosméticos | Universidades | Obras de Arte | Náutico | Clubes Exclusivos.

Dicas

1 Contrate influenciadores e pessoas de prestígio para divulgar sua marca.

2 Não fale de qualidade, mas sim do bom gosto ou prestígio do seu produto.

3 Crie serviços cada vez mais exclusivos para um público cada vez mais exclusivo.

Prazer

Significado: Estado de satisfação dos sentidos ou da mente; alegria, contentamento, júbilo. Sensação que resulta de uma diversão ou distração frívola.

As pessoas compram mais pela dor ou pelo prazer? Por que as pessoas se tornam viciadas em alguns produtos e marcas? Quem é o culpado por nossos vícios e gastos?

As pessoas compram para se aproximarem do prazer ou se afastarem da dor (ou ambos). Você pode comprar uma câmera de segurança porque terá o prazer de ver seu bebê pela tela quando quiser (prazer da proximidade) e para afastar ou dificultar a ação de ladrões (minimizar a dor da perda).

Você pode comprar um carro porque é confortável, pelo status ou realização (buscar prazer); ou porque tem vários airbags, controle de tração e um mecanismo que assume o controle caso você durma no volante (evitar dor).

Cabe ao vendedor identificar qual é a maior motivação de cada cliente em particular. Ele pode mostrar os benefícios e vantagens para alguém que busca prazer. Ou mostrar quais problemas e aflições pode evitar para alguém que deseja se afastar da dor. O primeiro dá mais valor ao que tem a ganhar. O segundo ao que deixa de perder. Cobre um bom preço por dar mais a quem gosta de ter mais. E cobre ainda mais por fazer alguém perder menos ou não perder nada.

Já até descobriram o centro do prazer em nosso cérebro. Localizado numa posição central e interior do cérebro, o Núcleo Accumbens (NAcc), está relacionado ao prazer, recompensa, vício e risco e é uma das estruturas mais importantes no sistema límbico.

A imagem por ressonância magnética funcional (fMRI), que registra atividades nas áreas do cérebro, já mostrou que na hora da compra, a ínsula e o córtex pré-frontal freiam seu impulso ao lembrar que o preço está caro ou que você não tem recursos para comprá-lo. Por outro lado, o NAcc te impulsiona para o consumo.

Se por um lado o córtex pré-frontal (razão) te lembra que a conta do cartão de crédito está estourado, por outro, o NAcc (emoção) quer acumular mais sapatos e roupas. E por que gastamos o que não temos para comprar o que não precisamos? Por puro prazer.

Quando experimentamos uma sensação de prazer, nosso cérebro dispara uma grande quantidade de dopamina (neurotransmissor ligado ao prazer) no NAcc. Quanto mais rápida se torna essa descarga, maior a recompensa e o desejo de repetir a experiência.

Em resumo, o mesmo mecanismo que explica o vício por uma droga, bebida ou jogos de azar explica também nosso impulso incontrolável para consumir sapatos, roupas, chocolates ou remédios. Enfim, somos uma máquina faminta por prazer.

Segmentos

Vestuário | Alimentício | Redes Sociais | Agroindústria | Cultura | Esportes | Eventos | Loja de Departamentos | Igrejas | Turismo | Bares | Adegas.

Dicas

1 Deixe claro aquilo que seus clientes ganharão quando comprarem seus produtos.

2 Também deixe claro o que perderão se não comprarem.

3 Compartilhe nas redes sociais depoimentos de quem tem prazer de ser seu cliente.

Proteção

Significado: Ato de proteger alguém ou algo de um perigo, de algum mau. Auxílio para o que é mais fraco ou menor. Cuidado ou assistência especial dispensados a alguém.

O que mais as empresas de segurança vendem? Por que muitas mulheres querem carros robustos? Por que proteção é um dos gatilhos emocionais mais explorados?

Desde a época das cavernas até os dias atuais, buscamos proteção. Não viveríamos nas cavernas, nem gastaríamos fortunas para morar num condomínio fechado se não fosse pela proteção. De lá para cá, só mudaram os predadores.

Proteção é um dos sentimentos mais explorados nas propagandas de empresas de segurança, seguros de vida, planos de saúde, equipamentos de proteção individual e até investimentos. Trata-se de um gatilho emocional muito poderoso pois atua nos níveis físico, material, mental e espiritual.

Proteção vai muito mais além da segurança. Eu posso estar seguro, mas não protegido. Precisamos de creches para proteger nossos bebês, softwares para proteger nossas crianças na internet, capacetes para proteger nossos adolescentes, carros blindados para proteger nossa esposa, cuidadoras para proteger nossos idosos...

E proteção é uma percepção. Você pode estar protegido fisicamente, mas precisa também de uma proteção espiritual. Se os indivíduos não se sentem protegidos, vão em busca de igrejas, amuletos, patuás e mandingas que aumentem esse sentimento. O que seus produtos e serviços podem fazer por eles?

O inciso XV do artigo 5° da Constituição Federal garante a livre locomoção no território nacional em tempo de paz. É popularmente conhecido como o direito de ir e vir. Mas você que mora numa grande capital se sente protegido para passear com seu carro importado de vidros abertos em plena madrugada?

Uma mulher quando tem filhos começa a desejar um carro maior não só porque tem mais espaço para carrinho de bebê, mas porque se sente mais protegida quando dirige um carro maior, resistente e robusto. Toda mãe é protetora, não só por emoção como por instinto. Use o gatilho da proteção e venderá mais para as mães.

Vários são os mercados que explora o gatilho proteção. Desde produtos íntimos para mulheres, protetores solar, antiqueda capilar, vestuário, óculos até esportivos. Não existe uma parte do corpo ou da casa que você não consiga proteger.

Seus clientes se sentem protegidos e tranquilos para comprar em sua loja? Você tem oferecido proteções adicionais em caso de problemas? Como proteger o futuro deles?

Segmentos

Segurança | Agronegócio | Seguros | Imobiliário | Bancos | Creches | Igrejas | Shopping Center | Aviação | Automobilístico | Cosméticos | Softwares.

Dicas

1. Proteja mais que o presente de seus clientes, proteja o futuro deles.

2. Proteja o investimento que eles fizeram em seus produtos e marcas.

3. Promova pacotes adicionais de garantia e proteções a seus consumidores.

Saudade

Significado: Sentimento nostálgico e melancólico associado à recordação de pessoa ou coisa ausente, distante ou extinta, prazeres e emoções experimentadas e já passadas, acompanhado do desejo de tornar a vê-las ou possuí-las.

Por que as empresas estão constantemente relançando produtos antigos? Como as empresas podem transformar nostalgia em vendas? Passado realmente vende?

É comum sentirmos saudade das brincadeiras e comidas da infância, dos locais que vivemos, enfim, das experiências passadas. A nostalgia vai mais além da saudade. Muitas pessoas são tão nostálgicas que preferem o passado ao presente.

Quando olhamos para o passado, temos uma compreensão melhor de quem somos e fortalecemos nosso sentimento de conexão e pertencimento social. O passado conhecido nos fortalece para o futuro desconhecido.

Pensando nisso, empresas de eletrodomésticos como Brastemp investem em frigobar e refrigerador modelo anos 50, nas cores vermelha ou amarela. Um design retrô aliado à alta tecnologia tornam esses produtos desejados pelos saudosistas.

A moda também está constantemente buscando modelos de roupas de décadas anteriores, mantendo ou reeditando os cortes, modelos e cores. Veículos também são constantemente relançados numa versão moderna. O segredo é você escolher campeões de vendas do passado numa nova embalagem ainda mais irresistível.

Masterchefs renomados também reeditam comidinhas de nossas avós com novas técnicas, ingredientes e formatos. Os fãs pediram à Nestlé para relançar o Lollo, chocolate da embalagem azul e vaca amarela. E quer saber? É o chocolate preferido do meu filho. E era o meu também nos anos 80. Coincidência? Não! Emoção!!!

Vários jovens pediram à Estrela para relançar o trenzinho Ferrorama. A empresa desafiou os fãs a completarem, usando o Ferrorama, os últimos 20 quilômetros do Caminho de Santiago de Compostela, na Espanha. Três brasileiros toparam o desafio e alcançaram os 20 quiômetros, montando e desmontando 110 metros de trilhos, enquanto o trenzinho fazia seu percurso. Tarefa concluída e o Ferrorama está de volta às lojas.

Consumidores compram produtos antigos quando são relançados, porque não tinham dinheiro para comprá-los no passado. Eu mesmo era louco pelos bonecos G.I. Joe (Comandos em Ação), mas eram caros. Agora são mais caros, porque são raros, mas agora eu posso comprá-los. Outro dia até conversei com meu filho para colecionarmos esses bonecos... Se você tiver algum aí aceito doações.

Qual produto antigo campeão de vendas você pode relançar agora? Como você pode recordar nos clientes experiências positivas passadas através de seus serviços?

Segmentos

Brinquedos | Agroindústria | Alimentício | Vestuário | Papelaria | Restaurante | Construção | Arquitetura | Eletrodomésticos | Automobilístico | Floricultura | Eventos.

Dicas

1 Faça uma pesquisa sobre quais produtos seus clientes gostariam ver relançados.

2 Desafie eles a reunirem mais fãs nas redes sociais. Isso gera propaganda gratuita.

3 Procure relançar produtos e serviços passados, mas com tecnologia do futuro.

Surpresa

Significado: Algo inesperado e desagradável que abala; Fato ou coisa que causa admiração ou espanto. Acontecimento imprevisto, repentino.

Surpresa realmente vende? Surpresa produz algum tipo de diferenciação? Como explorar o gatilho da surpresa? Por que o *cashback* tem atraído cada vez mais adeptos?

Muitas empresas usam o gatilho da surpresa, mas negativamente, quando não entregam o que prometeram. Não confunda surpreender com espantar clientes. Você pode fazer melhor e surpreender positivamente seu cliente antes, durante e depois das vendas.

Meu filho sempre pede para comprar Kinder Ovo, um chocolate em forma de ovo com um brinquedo dentro. A questão é que nunca sabemos o que vem dentro. Mais que brinquedos, a Kinder vende surpresas. E não me surpreendo quando ele quer comprar cada vez mais para completar alguma coleção do momento.

Você já ouviu falar das bonecas LOL? A LOL é uma bonequinha que tem no máximo 8 cm de altura e vem dentro de uma espécie de "ovo". E você também encontra nesse "ovinho" mais 7 surpresas, como itens de vestuário e acessórios. E esta é a graça da LOL! O brinquedo se revela aos poucos à medida que você vai desembalando.

A própria identidade da boneca só é descoberta no final da abertura. A coleção no Brasil pode chegar a 50 bonecas. Já teve mãe que gastou mais de 5.000 reais num modelo muito raro. O brinquedo se tornou uma febre mundial. Literalmente a bola da vez.

Adultos também adoram surpresas. Imagine você esperando para pegar suas malas na esteira do desembarque. Daí surgem várias caixas de televisão de 40 polegadas. Uma delas vem com seu nome. Você acaba de ganhar uma televisão de uma empresa de eletrônicos numa campanha de copa do mundo. Por que eu não estava nesse vôo?

Você pode surpreender seus clientes com uma nova campanha publicitária, nova promoção, novo produto, novo serviço, nova vitrine, nova embalagem... Ou ainda com uma lembrancinha, recompensa ou presente no dia do aniversário deles.

Imagine você chegar para pagar uma conta e descobrir que não precisa pagá-la ou que ganhou um belo desconto. Você já deve ter ganhado algum cupom ou bônus para ser usado em futuras compras? Trata-se do *cashback*, um programa de recompensa e incentivo que devolve ao comprador uma porcentagem do valor gasto. Uma surpresa que agrada ao bolso e coração dos compradores.

Como você pode surpreender seus clientes através de novos produtos? Como redesenhar seus serviços para torná-los mais surpreendentes?

Segmentos

Eletrônicos | Brinquedos | Turismo | Hoteleiro | Presentes | Decoração | Móveis | Artigos para casa | Publicidade | Cinema | Eventos | Loja de Variedades.

Dicas

1 Surpreenda seu cliente com alguma recompensa após uma compra.

2 Recompense também iniciativas de funcionários que surpreenderam clientes.

3 Faça algo que seu cliente jamais esperaria, mas que vai deixá-lo muito feliz.

Exercícios

1 Quais emoções e sentimentos, que você estudou neste grupo, podem ser aplicados no seu produto, serviço ou empresa?

_____
_____
_____
_____

2 A partir do estudo deste grupo, quais outras emoções, que não foram citadas, podem ser aplicadas no seu produto, serviço ou empresa?

_____
_____
_____

3 Preencha as linhas da coluna da direita com 11 tipos ou categorias de produtos de sua empresa. Depois ligue cada item da direita com o máximo de emoções da coluna da esquerda.

Bem-estar	_____
Conforto	_____
Desapego	_____
Euforia	_____
Experiências	_____
Independência	_____
Prestígio	_____
Prazer	_____
Proteção	_____
Saudade	_____
Surpresa	_____

Grupo 4

OUTROS

Estabilidade

Significado: Qualidade ou característica daquilo que é estável; firmeza e solidez. Característica do que é invariável. Que demonstra equilíbrio.

Por que buscamos tanta a estabilidade? Por que investir em um alarme ou câmera de segurança? Por que investir numa semente ou colheitadeira mais cara?

Nossos ancestrais eram nômades e habitavam cavernas. Você já está cansado de ouvir isso. Depois de tanto buscar alimentos e fugir do perigo, aprenderam a plantar, cuidar de animais, viver à beira dos rios e descobriram o fogo. Enfim, ao começarem a plantar e colher, deixaram de ser nômades e conseguiram uma estabilidade mínima para viver.

Centenas de milhares de anos depois ainda buscamos estabilidade. Toda grande colheita começa pela escolha do solo, relevo, clima e semente. Você trabalha no agronegócio e tem dificuldades de vender sementes, fertilizantes e colheitadeiras caras? Venda a estabilidade da plantação. Venda a garantia de uma colheita abundante e sólida. Plante estabilidade no presente e cultive um futuro garantido e feliz.

Já imaginou você que é lojista chegar em sua loja e encontrá-la arrombada e ver seu estoque roubado? Ou pior, chegar na empresa e vê-la consumida por um incêndio. Ou imagine você voltando para casa e encontrá-la roubada ou debaixo d'água em virtude de uma enchente. Ou saber que uma crise se aproxima e você pode perder seu emprego. Ou ainda, perder seu casamento, seus filhos ou algum privilégio... Vamos parar porque eu não gosto de vender pela dor ou sofrimento alheio.

Sempre digo às empresas de segurança que quem vende produtos são os fabricantes. As empresas de monitoramento de alarmes ou instalação de câmeras devem vender a emoção que esses produtos promovem para o usuário final. De preferência emoções positivas. Não precisamos aterrorizar o cliente para vender mais.

Uma das emoções mais poderosas e persuasivas é a estabilidade emocional de saber que sua casa, família, empresa, emprego ou investimentos estão garantidos e seguros. Quanto vale uma estabilidade financeira em épocas de pandemia?

Quem vende investimentos, planos de saúde, seguros de vida, empréstimos, educação, casas e insumos, sejam eles agrícolas ou industriais, devem entender que a melhor estratégia de comunicação, oferta e vendas é usar o gatilho da estabilidade emocional.

Independente do que você vende, afirmo que todos nós estamos num mesmo mercado, chamado mercado das emoções. Cabe a nós provermos emoções positivas a nossos clientes através de nossas soluções, produtos, serviços, idéias ou projetos.

Como você pode garantir mais estabilidade a seus clientes? Seus serviços promovem continuidade do negócio? Quão estratégico seus produtos são para seus clientes?

Segmentos

Segurança | Agronegócio | Seguros | Infraestrutura | Bancos | Igrejas | Construção | Escolas | Eletrodomésticos | Oficinas | Vestuário | Farmacêutico.

Dicas

1 Mais importante do que produtos baratos são produtos estáveis e confiáveis.

2 Agregue aos produtos mais serviços que aumentem a durabilidade deles.

3 Se seu mercado é instável, procure oferecer mais estabilidade aos clientes.

Exclusividade

Significado: Qualidade ou caráter do que é exclusivo, que é privado ou restrito.

Toda vez que um vendedor diz que as pessoas só compram preço baixo, eu não sei se conto histórias inacreditáveis sobre pipocas caras, começo a rir da inocência dele ou choro de tristeza.

Mas apenas pergunto: Como as marcas mais caras sobrevivem? Como as marcas de produtos premium fazem para sobreviver cobrando preços exorbitantes? Seriam mesmo exorbitantes?

A resposta é muito simples. Marcas caras não vendem produtos caros, vendem produtos EXCLUSIVOS. Poucos podem pagar! O desafio dessas empresas não é baixar o preço, mas encontrar quem pode pagar o preço que cobram e venderem para essa pessoa.

Você pagaria 250 dólares por um pote de pipoca? A empresa Bercos de Chicago, EUA, vende a pipoca mais cara do mundo, chamada *Popcorn Billion Dollar*, com pitadas de ouro de 23 quilates comestível e sal extraído da ilha dinamarquesa Laeso. Você pode fazer um pedido mínimo de 5 dólares, mas receberá dois grãos de milho estourado.

E você pagaria 12.000 dólares por uma pizza? Quando você compra uma pizza Louis XIII, vem junto um cozinheiro que a prepara na sua frente, na Itália. Claro que os ingredientes são exclusivos: queijos raros, 3 tipos de caviar, lagostas e camarões raros e caros e um sal rosa. A massa da pizza é preparada 72 horas antes. Algumas vezes é colocado conhaque Louis XIII Remy Martin, e é por isso que a pizza tem esse nome.

O conceito de exclusividade não está ligado somente a produtos caros e pessoas ricas. Você pode ter produtos exclusivos para categorias diferentes de clientes, classificados pela idade, sexo ou região. Ou seja, tenha produtos exclusivos para crianças, idosos, mulheres, grávidas, pessoas de algum bairro, cidade ou região...

Os programas de milhagem das companhias aéreas oferecem serviços exclusivos para algumas categorias de clientes que viajam mais. Se a marca é exclusiva para o cliente, esse também deve ser para a empresa. A exclusividade deve ser recíproca.

Invista num produto de alto valor percebido e quando seu cliente comentar que seu preço está caro, responda: "meu produto não é caro, ele é exclusivo. Poucos podem pagar, você é um deles e por isso estou aqui". Depois justifique o preço que cobra e supere suas expectativas, pois elas serão tão altas quanto o preço cobrado.

Segmentos

Automobilístico | Aviação | Náutico | Imobiliário | Construção | Turismo | Eventos | Vestuário | Adegas | Eletrônicos | Joalherias | Móveis.

Dicas

1 Ofereça benefícios exclusivos para quem paga mais caro ou compra mais.

2 Associe a imagem de seus produtos a pessoas ricas e de influência.

3 Crie escassez para seus produtos. Torne o acesso ao seu produto raro até para quem pode pagar muito caro.

Identidade

Significado: Consciência que alguém tem de si mesmo. Série de características próprias de uma pessoa ou coisa por meio das quais podemos distingui-las.

Por que o Camaro amarelo atrai tantos olhares e desejos? Por que não comprar um modelo que todos estão comprando na cor branca ou prata? Por que o Crocs também amarelo fez tanto sucesso?

Muitos vendedores falam que é um problema fechar uma venda. Eu digo que eles não sabem abrir uma venda. É muito comum um vendedor encontrar um cliente que usa roupas diferentes, óculos com design incomum, corte de cabelo inigualável, carro de cor rara... enfim, tudo diferente. Daí, esse vendedor fala: "vou mostrar um produto que todo mundo está comprando". Pronto! A venda acabou antes de começar.

Esse cliente não é todo mundo. E ele faz questão de deixar claro isso a partir dos produtos que usa ou consome. Aliás, ninguém é qualquer um, porque cada pessoa tem sua identidade. Vender é a suprema arte de vender produtos únicos para pessoas únicas, vender serviços exclusivos para pessoas exclusivas.

Seja um corte de cabelo, roupa, calçados, acessórios, veículo, casa, viagens... tudo é influenciado pela identidade que você cultiva. De algum modo cada um tem estilos, preferências e gostos pessoais. E essa identidade se revela na hora de escolhermos uma roupa, uma casa, um carro, uma viagem, amigos ou até mesmo um cônjuge.

Você já ouviu falar do Crocs? Sandálias e sapatos originalmente destinados ao uso por marinheiros, pois a sola é antiderrapante e não deixa marcas. O primeiro modelo, Beach™, foi lançado em novembro de 2002 e logo se tornou fenômeno da moda mundial, num curto espaço de tempo.

Confesso que achei muito feio e desengonçado na primeira vez que vi um Crocs. Mas logo comecei a ver várias crianças, adultos e idosos usando. Virou uma febre. Muitos justificavam que era despojado. Outros usavam pelas cores fortes. Alguns pelo design. Outros ainda pelos benefícios ergonômicos. Enfim... cada um ao seu estilo.

Grandes grupos bancários falam muito sobre estilo em suas publicidades. Inclusive, quando falam em investimentos, logo falam do estilo conservador, moderado e arrojado.

Os clientes buscam algumas marcas, porque desejam ser rotuladas por elas. Elas compram uma identidade instantânea. "Diga as marcas com quem andas, e direi quem tu és". Eles se identificam naquilo que mais fazem, pensam, falam e consomem.

Que estilo de clientes você mais costuma atrair para seu negócio? Seu produto é a cara dele? Qual estilo você deseja? Sua propaganda e oferta reflete esse estilo desejado?

Segmentos

Bares | Vestuário | Automobilístico | Decoração | Artesanato | Floriculturas | Óticas | Publicidade | Shows | Bancos | Eventos | Igreja.

Dicas

1. Defina uma persona (perfil de cliente) e procure produtos com qual ela se identifique.

2. Personalize seus produtos e faça-os parecer cada vez mais com a cara do cliente.

3. Procure alinhar seus colaboradores com o estilo do seu cliente e de sua marca.

Jovialidade

Significado: Qualidade de jovial; agrado, aprazimento, bom humor. Característica de algo ou alguém jovem.

Vale a pena correr tantos riscos com cirurgias estéticas ou rejuvenescedoras? Por que os homens cruzam continentes para fazer implantes capilares? Por que uma pílula azul fez tanto sucesso?

Todos os dias mulheres e homens (uma tendência cada vez mais crescente) entram em centros cirúrgicos após pagar algumas dezenas de milhares de reais em busca de uma imagem mais jovem ou de uma estética perfeita. Mais do que autoestima, bem-estar e felicidade, eles querem jovialidade.

O mercado da jovialidade é um mercado "zilionário" (como diria meu filho Ítalo) que vende remédios, cirurgias, academia, estéticas, roupas, tratamentos faciais, implantes capilares, catuaba... A lista é longa.

Impossível não lembrar do sucesso da famosa pílula azul, também conhecida como Viagra. A primeira que garantia ereção e momentos prolongados de prazer aos homens. Sangue pulsando novamente nas veias. Valia tudo para ter novamente a performance de um jovem na cama, inclusive correr risco de um ataque cardíaco.

Tenho amigos que já cruzaram o mundo para fazer implantes na Ásia. Não é somente pelo bem-estar, mas para parecerem mais jovens. Muitos homens que sofrem a crise da meia idade disparam a consumir produtos e serviços em busca de um passado jovial perdido. Você está atento a esse público?

E quanto às mulheres, o que ela podem mudar, maquiar ou corrigir cirurgicamente para parecer mais jovem e atraente? A lista é grande: cabelos, cílios, sobrancelhas, rosto, lábios, seios, cintura, nádegas, coxas... Quando o assunto é jovialidade, para muitas mulheres nem o céu é o limite.

Uma parte considerável da indústria de cosméticos não vende somente bem-estar, autoestima e autoconfiança. Vende principalmente jovialidade. Basta ver a idade das mulheres nos *outdoors*, capas de revistas e publicidades na televisão e internet. O referencial de beleza é sempre muito alto. E muitas pagam um preço alto para atingí-lo.

Você consegue retardar as marcas do tempo na vida de seus clientes? Quão mais jovial seus clientes se sentem quando saem de sua loja? Você transmite jovialidade através de seus produtos e marcas?

Segmentos

Academias | Salões de Beleza | Vestuário | Estética | Óticas | Automobilístico | Spas | Turismo | Eventos | Cirurgia Plástica | Cosméticos | Farmácia.

Dicas

1 Promova eventos e compartilhe histórias de jovialidade entre seus clientes.

2 Dê dicas de saúde e como retardar o envelhecimento através de seus produtos.

3 Se seus serviços deixam seus clientes de cabelo branco, reveja-os agora mesmo.

Liberdade

Significado: Estado ou condição daquilo que não está preso, confinado ou com alguma restrição física ou material. É o direito de fazer o que quer. Condição do indivíduo livre.

Por que muitos indivíduos não saem de casa? Por que o negócio de esportes de aventura cresce a cada ano? Por que as empresas de consumo precisam da liberdade?

Outra palavra que exploro muito nos meus treinamentos para o mercado de segurança é a palavra liberdade. Esse mercado costuma usar as emoções: tranquilidade, conforto e proteção. Se você abrir sites de 10 empresas de segurança, verá que em 9 delas terá uma família feliz numa casa com gramado verde. Ah! E sempre tem um cachorro.

Muitas pessoas passam muito tempo em casa porque curtem bastante sua casa. Mas muitas não viajam porque têm medo de deixar a casa, viajar e encontrá-la arrombada ou roubada quando voltar. E qual emoção fará eles comprarem mais alarmes e câmeras? Liberdade. Empresas de segurança deveriam anunciar: "viajem despreocupados, pois estaremos aqui cuidando de sua casa".

Você pode gostar de ficar em casa, mas ninguém gosta de ser obrigado a ficar em casa. O corona vírus obrigou quase um terço das pessoas do planeta a ficar em isolamento total e distanciamento social. E sabe o que mais desejamos? Aquilo que não sabíamos que gostávamos tanto até perdermos. E liberdade foi perdida na pandemia! Muitos querem reconquistá-la a todo custo. Alguns inclusive dão a vida por ela.

Liberdade para ir e vir. Liberdade para viajar. Liberdade para pisar na areia da praia. Liberdade para ficar com os amigos no bar. Liberdade para passear com filhos num parque. Liberdade para visitar os avós e pais... "Liberdade! Liberdade! Abre as asas sobre nós!" - trecho do hino da Proclamação da República.

Muitas pessoas deixaram de consumir vários produtos quando passaram a ficar todos os dias em casa. Por que ter carro e abastecê-lo se não saio de casa? Por que comprar roupas se não terei para quem mostrá-las? Por que comprar passagens aéreas e roteiros turísticos se não posso viajar? Várias empresas fecharam as portas e muitas faliram porque as pessoas estavam fechadas em suas casas.

Liberdade vai muito além de eu ir aonde quero. Venda também liberdade para decidir, liberdade para sentir, liberdade para agir, liberdade para consumir, liberdade financeira para gastar dinheiro... "Liberdade! Liberdade! Abre as asas sobre nós!".

Enfim, se você vende qualquer produto que proporcione alguma liberdade, você poderá cobrar mais por ela, pois ela é muito valiosa. Quão livre as pessoas se tornam quando compram seus produtos? Como você poderia libertar as pessoas de suas prisões mentais e físicas através de seus serviços?

Segmentos

Segurança | Vestuário | Seguros | Investimento | Bancos | Turismo | Eventos | Artigos de Aventura | Lojas de Departamentos| Oficinas | Restaurantes | Planos de Saúde.

Dicas

1 Venda liberdade para as pessoas fazerem o que querem, onde e como quiserem.

2 Venda liberdade para terem o que querem, quando e quantas vezes quiserem.

3 Incentive seus clientes a contarem quão livres se sentem com seu produto.

Longevidade

Significado: Duração da vida de uma pessoa, de um grupo, de uma espécie, mais longa que o normal; tempo de duração de qualquer coisa; durabilidade.

Por que algumas pessoas agora fogem de churrasco como diabo foge da cruz? Por que uma mulher se entope de filtro solar e usa um chapéu mexicano quando vai a praia? Como podemos vender mais segurança para quem deseja viver mais?

A reposta é muito simples: Longevidade. Todas as pessoas acima querem viver mais. Longevidade é a promessa ou esperança de uma vida longa. E isso mexe muito com as pessoas, especialmente, as que têm medo de morrer.

E por falar em vida longa, já descobriram que os italianos que vivem à margem do mediterrâneo vivem mais porque tomam dois cálices de vinho por dia. O tal milagre dos flavonoides que possuem características antioxidantes e protegem o coração.

Se você conseguir relacionar seu produto com longevidade, não só venderá mais, como também poderá cobrar mais e sem culpa. Atenção! Só promova longevidade se você puder provar que seu produto promove longevidade. Às vezes você não explora esse gatilho emocional porque está ocupado demais buscando baixar seu preço.

Se você vende alarmes e câmeras de segurança, não venda apenas segurança, venda a longevidade aos seus cientes. Existem pessoas idosas com Mal de Alzheimer que não podem sair de casa porque se saírem, podem não voltar. Sem falar nas crianças que podem cair na piscina e morrerem afogadas por não saberem nadar.

As empresas de segurança privada estão acostumadas em evitar que pessoas estranhas entrem nas casas. Por que não falar também das pessoas conhecidas que não podem sair de casa? Garanta mais longevidade!

Não importa se é flavonoides, ômega3, produtos orgânicos, sensor de presença, seguro de vida ou protetor solar... venda longevidade. Se jovialidade é parecer anos mais jovem, a longevidade é viver mais anos. Ambos gatilhos trabalham na relatividade do tempo.

Se Einstein provou que o tempo era relativo, seu preço também poderá ser tão relativo quanto mais jovialidade ou longevidade você produzir para alguém. Maioria dos jovens tem energia e tempo, mas não tem dinheiro. Maioria dos idosos tem energia e dinheiro, mas não tem tempo. Venda mais tempo e energia para quem pagaria por longevidade.

Como seu produto pode promover mais quantidade de anos para seus consumidores? E quanta qualidade de vida você pode colocar nessa quantidade de anos adicional?

Segmentos

Alimentício | Hospitais | Agronegócio | Orgânicos | Bebidas | Segurança | Seguros | Tratamentos Médicos | Academias | Óticas | Farmácias | Turismo.

Dicas

1 Crie opções mais saudáveis de seus produtos.

2 Reformule a composição de seus produtos a fim de promover vida longeva.

3 Crie um clube de clientes acima dos 60 anos, e promova eventos exclusivos para eles.

Exercícios

1 Quais emoções e sentimentos, que você estudou neste grupo, podem ser aplicados no seu produto, serviço ou empresa?

_____
_____
_____
_____

2 A partir do estudo deste grupo, quais outras emoções, que não foram citadas, podem ser aplicadas no seu produto, serviço ou empresa?

_____
_____
_____
_____

3 Preencha as linhas da coluna da direita com 6 tipos ou categorias de produtos de sua empresa. Depois ligue cada item da direita com o máximo de emoções da coluna da esquerda.

Estabilidade   _____

Exclusividade   _____

Identidade   _____

Jovialidade   _____

Liberdade   _____

Longevidade   _____

Dez mandamentos da venda emocional

1 Não importa qual mercado você atua, todo mercado é um mercado de emoções.

2 A emoção domina a razão. O instinto domina a emoção e razão.

3 Não chame algo de produto até que ele produza uma emoção para alguém.

4 Não faça o cliente comprar o que você vende. Venda o que ele deseja comprar.

5 Venda as emoções que seu produto realmente produz para alguém.

6 Se seus serviços não promovem emoções desejadas, eles não servem.

7 Quando você não consegue aumentar seu preço, aumente a entrega emocional.

8 São as emoções que provoco que vão me aproximar ou distanciar do fechamento da venda.

9 Compradores de empresas são pessoas. Não venda para empresas. Venda para pessoas!

10 Uma emoção extraordinária sempre justificará um preço extraordinário.

Conclusão

Enfim, chegamos ao final de nossa jornada pelo mundo das vendas emocionais. Quero te parabenizar por ter chegado até aqui. Agora terá mais ferramentas para descobrir quais emoções você pode usar em suas vendas. Assim como uma emoção fez você comprar esse livro, outra emoção fará alguém comprar seus produtos e serviços.

Você aprendeu trinta e três gatilhos, emoções, sentimentos e qualidades que poderá aplicar em seu discurso, marketing, publicidade ou apresentação de vendas. Escolha os que melhor se adapta aos seus produtos, empresa e segmento. Quais desses gatilhos fazem sentido para cada cliente em particular?

Chegou a hora de você começar a agir como vendedor extraordinário e entender que devemos produzir emoções positivas e desejadas através dos produtos e serviços que vendemos. Estamos num mercado pouco explorado chamado mercado das emoções. Um oceano emocional pouco navegado e explorado, que te leva a ilhas de riqueza e abundância.

Você finalmente aprendeu que numa venda emocional o preço não é o item mais importante do produto. Afinal, seu cliente investe grande quantidade de tempo, energia e emoção para comprar algo. Definitivamente o preço não é o item mais caro a ser pago, quando você gasta muito tempo, suga energia e provoca emoções negativas em seu cliente.

Você aprendeu que toda vez que não consegue aumentar seu preço, deve criar e entregar mais emoções desejadas pelo cliente. Afinal, emoção é o maior valor que você pode agregar ao seu produto. Agora você entende que ao não criar um vínculo emocional com seu cliente, continuará perdendo vendas para uma concorrência de preço baixo e não conseguirá diferenciar seus produtos dessa concorrência.

A emoção é o melhor caminho para quem deseja vender produtos mais caros do que a concorrência. Ofereça mais emoções que seus concorrentes de preço baixo podem oferecer. Uma emoção extraordinária é a maior razão que você precisa para justificar a diferença de preço entre você e seu concorrente.

A emoção é a bússola que determina a direção e o sentimento é o combustível que manterá o cliente na rota de sua loja, empresa, indústria ou negócio. Por quê? Porque as emoções movem as pessoas, as emoções movem o mundo. E o sentimento mantém as pessoas nesse movimento contínuo ou consistente.

Insisto que você precisa parar de fazer seu cliente comprar o que você está vendendo e passar a vender o que ele mais quer comprar. E o que ele mais deseja comprar? Emoções! No final de toda compra você encontrará uma emoção. Venda é uma ou mais pessoas promovendo emoções para uma ou mais pessoas.

Aprendemos que os clientes compram pela emoção e instinto, mas justificam suas decisões racionalmente. Se agíssemos sempre racionalmente, não compraríamos tanto e só compraríamos produtos mais baratos. Se a emoção domina a razão, o instinto domina razão e emoção. Sempre que possível vá além da emoção e explore também os mares profundos do instinto humano.

Então, pare de vender produtos e passe a falar mais das emoções, sentimentos e sensações que seus produtos produzem para as pessoas. A partir de agora você só chamará algo de produto quando ele produzir uma emoção para alguém em particular. Caso contrário, ele será apenas um item de estoque pegando poeira em sua empresa.

De modo semelhante, agora você entende que, em vez de vender serviços para as pessoas, você deve deixar seus serviços literalmente a serviço das emoções, sentimentos e sensações de seus clientes.

Quando você adotar essa nova estratégia ou abordagem de vendas emocional que eu te apresentei nesse livro, você alcançará uma ressonância emocional com seu cliente. Você baterá seu coração na mesma frequência do coração dele. Você se conectará verdadeiramente com as emoções que farão seus clientes comprarem mais, e indicá-lo a mais compradores.

Muitos dizem: "contra fatos, não há argumentos". Eu afirmo: "contra emoções, não há fatos". Segundo Simon Cooper, Ex-CEO da rede de hotéis de luxo Ritz Carlton, costuma afirmar: "quando o assunto é cliente, sentimentos são fatos para ele".

Tenho certeza de que agora você prestará mais atenção em cada propaganda ou peça publicitária, pois elas revelarão algumas emoções que cada marca, empresa ou produto usa como gatilho para vender mais. Algumas delas estarão nesse livro.

Chegou a sua vez de decidir quais emoções, ou melhor, quais gatilhos emocionais tem mais a ver com seu produto, serviço, segmento ou empresa. Trabalhe com suas equipes exaustivamente esses gatilhos. Quando você achar alguma dificuldade estarei às ordens para te ajudar.

Você pode reunir sua equipe e realizarmos um *Workshop* de 4 ou 6 horas para descobrirmos juntos quais são os gatilhos aplicáveis ao seu mercado e produto. E podemos realizar dinâmicas, simulando compras e treinando novas abordagens e apresentações de vendas.

Eu também posso ajudar seus vendedores, gerência e departamento de marketing através de minhas mentorias e consultorias. Posso não só ensiná-los como acompanhá-los nesse processo de transição de venda tradicional para emocional.

Chego aqui no final do livro emocionado por ter concluído mais um livro na minha vida. Fiz ele com muito amor e carinho porque sabia que ele chegaria a pessoas especiais como você.

Esse é o sexto livro que escrevo. Sinto agora um misto de autorrealização, prazer, bem-estar e alegria. Me sinto também orgulhoso por ter tido o privilégio de sua companhia até agora aqui comigo.

Agora quero que você compartilhe comigo como está se sentindo após ter chegado ao final desse livro. Também quero saber como foram suas experiências ao aplicar os gatilhos em suas vendas. Deixarei meus contatos aqui no final do livro.

Desejo que você venha fazer parte da minha comunidade de VENDEDORES EXTRAORDINÁRIOS, um grupo que fiz no TELEGRAM, onde compartilho muitas dicas, técnicas e vídeos exclusivos. Também será um prazer e privilégio para mim tê-lo em minhas redes sociais.

Por quê? Porque para mim VOCÊ É EXCLUSIVO. VOCÊ É EXTRAORDINÁRIO!

E agora volto ao meu silêncio, porque como diria Jacques Prévert: "há momentos na vida em que se deveria calar e deixar que o silêncio falasse ao coração, pois há emoções que as palavras não sabem traduzir!".

Quer conhecer um pouco mais do meu trabalho?
Acesse: www.marcossousa.com.br

#SEJA EXTRAORDINÁRIO

Se você gostou desse livro sobre gatilhos emocionais, deseja mergulhar mais fundo na venda emocional e vender mais, tenho UM PRESENTE PARA VOCÊ!

UM DESCONTO EXCLUSIVO no meu curso online NeuroVendas - Programados para Vender Mais.

Por que NeuroVendas?

Imagine um ICEBERG, 10% é a parte visível, racional e consciente da relação de vendas. A NeuroVendas trata dos 90% invisível, emocional e inconsciente dessa mesma relação.

Você encontrará no meu curso as técnicas, dicas e ferramentas da Programação NeuroLinguística e estudos da Neurociência que se aplicam perfeitamente às vendas, e que são usadas pelos vendedores extraordinários.

Por que Programados para Vender Mais?

Porque falamos de três programações importantes:

1- Programação do Vendedor
2- Programação do Cliente
3- Programação da relação Vendedor - Cliente

São 6 horas e 40 minutos! Vou repetir. São 400 minutos de muito conteúdo que já compartilhei em 15 países, distribuído em 10 módulos, abordando as 5 principais dores dos vendedores e como contorná-las. Você também terá acesso a outros bônus e fará parte de um canal exclusivo de vendedores extraordinários.

Ah! Tem mais... Como você comprou esse livro, terá um **DESCONTO DE 25%** quando acessar e se inscrever agora no meu curso.

Basta usar o CUPOM: **EMOCIONAL33**

Acesse: www.marcossousa.com.br/neurovendas
Ou aponte a câmera do seu celular para o QRCODE abaixo:

www.ingramcontent.com/pod-product-compliance
Lightning Source LLC
Chambersburg PA
CBHW070250220526
45465CB00004B/1571